Stormarn

Geschichte, Land und Leute

*Ein Porträt
mit Texten von Günther Bock
und Hans-Jürgen Perrey,
fotografiert von Michael Zapf*

Medien-Verlag Schubert

Inhalt

Vorwort 3

Stormarn – aber wo liegt es? 5

Von der Tundra zum Knick – eine Landschaft entsteht 25

Menschen in Stormarn 33

Land und Herrschaft 41

Wenn der Mantel der Geschichte... 57

Landleben und Landkreis 63

Blick von der Brücke 81

Hamburg – die Geschichte eines Problems 89

Kirchen in Stadt und Land 99

Verlorenes Stormarn 105

Stormarn in Europa 111

Daten zur Stormarner Geschichte 117

Literaturverzeichnis 119

Bildnachweis 119

Titelseite: Das Reinbeker Schloß.

ISBN 3-929229-22-6

© Copyright 1994 by Medien-Verlag Schubert, Hamburg.

Alle Rechte, auch des auszugsweisen Nachdrucks und der fotomechanischen Wiedergabe, vorbehalten.
Satz und Layout: Medien-Verlag Schubert / Mark Zanzig
Lithographie: Graphische Kunstanstalt Gries, Ahrensburg
Druck: C. H. Wäser, Bad Segeberg
Printed in Germany

Vorwort

Wie die Räume eines Stormarner Kreismuseums – so dachten wir uns – sollten die Kapitel dieses Buches werden. Information und Illustration regen die Besucher an, betrachtend, nachdenkend und fragend von Exponat zu Exponat, von Thema zu Thema zu schreiten. Aber wie viele Museen, so ist auch unser „Haus" räumlich äußerst begrenzt, was sich auf die Geschichte Stormarns keinesfalls übertragen läßt. Raum und Zeit sind hier weitgespannt. Ist der Raum komplex und buntscheckig wie die schleswig-holsteinische Landesgeschichte überhaupt, so weist die zeitliche Dimension ebenfalls weit zurück. Die Geschichte Stormarns beginnt mit der letzten Eiszeit und ist deshalb wesentlich mehr als die eigentliche Kreisgeschichte seit 1867.

Von den Anfängen bis zur Gegenwart wollen wir Stormarn zeigen. Aber natürlich können hierbei nur recht grobe Linien gezogen werden. Deshalb ist dieses Buch auch keine Stormarngeschichte im herkömmlichen Sinne, sondern ein Porträt unseres Kreises und der historischen Landschaft, die ihn großräumig umgibt. Wie die Fotos dieses Bandes, so ist auch das, was wir erzählen oder skizzieren, eine Momentaufnahme. Im Vordergrund steht das gegenwärtige Stormarn, allerdings beleuchtet und gespiegelt in seiner vielfältigen geschichtlichen Tradition.

Wer Stormarn besucht oder bereist, wer hier gerade eine neue Heimat zu begründen sucht oder Stormarn schon längst seine Heimat nennt, für den ist dieser Essay gedacht. Unser Buch soll aufzeigen, anregen, neugierig machen und manchmal auch herausfordern.

Letzteres in zweifachem Sinne: Den einen wird es hier und dort vielleicht provozieren, weil er die Dinge nun einmal anders sieht und beurteilt. Wer sich mit Kommunalgeschichte beschäftigt, hat es zugleich mit Kommunalpolitik zu tun. Über Vergangenheit zu sprechen und die Gegenwart nicht zu meinen ist ebenso wenig sinnvoll, wie es historiographisch unwahrhaftig wäre.

Andere Leserinnen und Leser werden möglicherweise mehr Fragen als Antworten entdecken und das eine oder andere vermissen. Wo zum Beispiel ist das Kapitel „Kultur" geblieben, die in Stormarn in den vergangenen Jahren zu einem wesentlichen Moment des öffentlichen Lebens geworden ist? Wir werden über sie ausführlicher sprechen, aber nicht in diesem Buch. Es hätte den Rahmen gesprengt.

„Wo bleibt mein Dorf oder dieser und jener Aspekt?" wird eventuell ein anderer wissen wollen. Wie gesagt – wir haben Abstriche vornehmen müssen. Möglicherweise jedoch kann die berechtigte Frage unserer Leserin oder unseres Lesers überhaupt nicht beantwortet werden, weil sie noch gar nicht gestellt wurde. Denn es gibt noch vieles, was in Stormarn zu erforschen wäre, und sollte dieses Buch den Anstoß zu dazu geben, sich einmal selbst aktiv mit unserer kreiskommunalen Vergangenheit und Heimat zu befassen, dann sind seine Verfasser mehr als zufrieden.

Hans-Jürgen Perrey
Günther Bock

Stormarn – aber wo liegt es?

Als „Schloß" läßt es sich gern titulieren, obwohl hier nie ein Fürst residierte. Es waren Gutsherren aus den Familien Rantzau und Schimmelmann, die auf Ahrensburg jahrhundertelang das Regiment führten...

Herbstliches Lichterspiel am Großensee. Wer das Auge dafür besitzt, dem eröffnen sich an den Seen der Stormarner Schweiz zu jeder Jahreszeit ganz individuelle Stimmungen. Im bewegten Relief dieser Landschaft entstanden am Ende der Eiszeit mehrere Seen. Neben ihrem Freizeit- und Erholungswert sind sie heute vor allem als Trinkwasserreservoir von Bedeutung.

Fachmauerwerk an der Gutsscheune Blumendorf. In der Mitte des 18. Jahrhunderts begann der Rückgang der traditionellen ländlichen Baukultur in Stormarn. Fachwerk wurde von Brandmauern, Reetdach von gebrannten Pfannen abgelöst. Das jahrhundertealte Bild unserer ländlichen Bauten begann sich zu wandeln und hat diesen Prozeß nur in bescheidenen Resten überlebt.

Rapsfeld bei Ohe. Was für das Alte Land die Kirschblüte, das ist die Rapsblüte für Stormarn. Doch diese unvergleichliche Orgie in Gelb hat ihren Preis: eine an der Überschußproduktion orientierte Landwirtschaft auf großen Flächen. Die wünschenswerte Artenvielfalt unserer Flora und Fauna bleibt dabei auf der Strecke.

Stormarn im Aufbruch. In Trittau entsteht ein weiteres Gewerbegebiet, aber nicht nur hier. Wo sich gestern noch Fuchs und Hase gute Nacht sagten, soll schon morgen produziert und Geld verdient werden. Aber zur Wachstumsregion Nr. 1 in Norddeutschland zu gehören ist mit tiefen Einschnitten in das traditionelle Landschaftsbild verbunden.

Stormarn ist in aller Munde. Vom Baden-Württemberg des Nordens ist die Rede, von der wirtschaftsstärksten Region Schleswig-Holsteins, von einem vitalen, aufwärtsstrebenden Landkreis, der schon manchem welt- oder landesgeschichtlichen Sturmtief getrotzt hat.

Stormarn – das ist ein Teil jener nordelbischen Wachstumsregion und des vielgepriesenen „Speckgürtels", der sich im letzten halben Jahrhundert immer enger um die Weltmetropole Hamburg gelegt hat. Der Kreis Stormarn – das sind 6 Städte, 49 Landgemeinden oder auch 766,29 qkm im nördlichsten unserer 16 Bundesländer und schon mehr als 200.000 Menschen.

Und die Kreisbevölkerung wächst Jahr für Jahr. Etwa 8 % der Schleswig-Holsteiner sind Stormarnerinnen und Stormarner, obwohl der Kreis nicht einmal 5 % der Landesfläche einnimmt.

Der gewerblich-industrielle Ausbau schreitet ebenfalls energisch voran, und Arbeitslosenstatistiken werden hier bei weitem nicht so dramatisch interpretiert wie in anderen Regionen Norddeutschlands oder der Bundesrepublik. Denn in der Regel ist die Arbeitslosenquote in keinem der 4 Stadt- oder 11 Landkreise Schleswig-Holsteins so erfreulich niedrig wie in Stormarn. Stormarn – hören wir deshalb aus berufener Quelle – sei nicht nur die sprichwörtliche Brücke zwischen den beiden Hansestädten Hamburg und Lübeck, sondern auch ein „starkes Stück" Schleswig-Holstein.

Wer wollte da widersprechen, wußte doch schon Adam von Bremen vor mehr als 900 Jahren zu berichten, daß es drei nordelbische Sachsengaue gebe: erstens die Dithmarscher, die *„am Meere wohnen"*, zweitens die Holsten. *„Sie heißen nach den Holzungen, in deren Nähe sie sitzen; durch ihren Gau fließt die Stör."* Aber der *„dritte und edelste Stamm heißt Stormarn, weil dieser Gau häufig von Stürmen der Unruhe ergriffen wird."*

Unser Kreis ist zwar nicht groß, denn nach Pinneberg (662 qkm) zählt er flächenmäßig zu den kleinsten des Landes, aber er hat es in sich. Geht es um Erfolgsbilanzen, scheint überhaupt nur Pinneberg, der Speckgürtelkreis Nummer 1, mit Stormarn erfolgreich konkurrieren zu können.

Werfen wir nur einen Blick auf die Bevölkerungsdichte, die Einwohnerzahl pro Quadratkilometer, dann liegen beide Kreise im Lande einsam an der Spitze: Pinneberg mit 411 und Stormarn mit 262 Personen (Stand 31. 12. 1991). Damit sind der Bundesdurchschnitt von 223 und der Landesdurchschnitt von 168 Personen deutlich übertroffen.

Wer Statistische Jahrbücher mag, der könnte noch mehr erfahren, denn wer weiß schon, daß 639 km Straßen des überörtlichen Verkehrs zur Verfügung stehen, davon allein 60 km Autobahnen, daß es in keinem schleswig-holsteinischen Landkreis unter den Berufstätigen so viele Aus- und Einpendler (1987: 67,4 bzw. 54,1 %) gibt und der Kreis Pinneberg 1992 beim monatlichen Industrieumsatz (OD: 507 Mio. DM/ PI: 490 Mio. DM) sogar übertroffen wurde?

Wer solche Zahlen Revue passieren läßt, erkennt schnell, daß der Kreis Stormarn den Weg ins 21. und damit ins 3. Jahrhundert der modernen Industrie- und Massengesellschaft unwiderruflich angetreten hat. Aber die Bürgerinnen und Bürger dieses attraktiven Landkreises legen nicht nur Wert auf Daten und Fakten. Sie erwarten auch Leistungen. Denn was bedeutet schon „Kreis"? Und was heißt es eigentlich, in einer kommunalen Gebietskörperschaft zu leben oder auch zu arbeiten, die für Verwaltungsexperten zunächst einmal nur eine „juristische Person des öffentlichen Rechts" ist?

Nein, die Stormarnerinnen und Stormarner wollen ihren Kreis schon erleben, sonst bleibt er eine anonyme Größe, mental angesiedelt irgendwo

Zu den kulturellen Aktivitäten des Kreises gehören auch die alljährlichen Archivpfleger-Treffen. Haupt-, neben- und ehrenamtlichen Archivaren obliegt die Sicherung des Akten- und Quellenbestandes, der in den einzelnen Kommunen anfällt. Archive als öffentliche Gedächtnisse erfüllen eine wichtige Funktion, ohne die historische Arbeit nicht möglich ist. 1989 traf man sich in Schleswig im Landesarchiv unter fachkundiger Betreuung von Landesarchivdirektor Dr. Reimer Witt (7. v. links).

zwischen Heimatgemeinde und Bundesland. Was also hat Stormarn zu bieten?

Da ist zunächst die Kreisverwaltung. Etwa 1.000 Damen und Herren sind es, die tagaus, tagein ihrer Beschäftigung in einer der vielen Dienststellen oder Einrichtungen des Kreises nachgehen, der damit nicht nur ein wichtiger Arbeitgeber ist, sondern im Sinne einer bürgernahen Dienstleistungsverwaltung die Probleme einer modernen Gebietskörperschaft zu meistern versucht.

Wer mit dem Auto unterwegs ist, um Stormarn zu „erfahren", der stößt recht bald auf Hinweisschilder, die auf die Aufgaben und Aktivitäten einer modernen Kreiskommunalverwaltung verweisen. In Bad Oldesloe werden wir auf das Kreiskrankenhaus, die Kreisberufsschule oder die Kreisbildstelle aufmerksam gemacht, nicht weit davon, auf der B 404 bei Nütschau, auf die Kreisfeuerwehrzentrale. Als kreiseigene Einrichtungen existieren zwei Alten- und Pflegeheime in Ahrensburg und Reinfeld sowie fünf Gymnasien, zwei in Bargteheide, je eines in Glinde, Großhansdorf und Trittau.

Doch genug des Bilanzierens. Die Probleme liegen längst auf dem Tisch. Stormarn – ein Wachstumskreis?

Selbstverständlich – wenn man in Rechnung stellt, daß damit nicht nur Bevölkerung, Mobilität, Gewerbeansiedlung und Arbeitsplätze gemeint sein können, sondern auch drängende und drückende Probleme wie Verkehrsbelastung, Müllentsorgung, Landschafts- und Naturzerstörung.

Aber hier reicht es sicherlich nicht, nur Zahlen und keine Zusammenhänge zu nennen. Allein 60 km Autobahnen – wieviel Quadratmeter betonierte Fläche mögen das sein? Nach Pinneberg (5,4 %) besitzt der Kreis den größten Anteil an Verkehrsfläche unter den Landkreisen, nämlich 4,4 %, was einer Fläche von etwa 34 qkm entspricht.

Bisher haben wir vor allem Zahlen genannt und sind dabei durch den Kreis Stormarn hindurchgerauscht, wie es tagtäglich Tausende von Pendlern und Reisenden tun, für die Stormarn oft nur die vielzitierte „Brücke" ist. Doch das kann eben nicht alles sein. Stormarn ist auch ein Kreis zum Wohnen, eine Landschaft zum Leben (den Begriff „Lebensraum" wollen wir an dieser Stelle nicht verwenden).

Stormarn ist vielen von uns Heimat. Deshalb ist unser Kreis auch mehr als eine „Brücke". Denn wer wohnt schon gern – so möchte man fragen – auf einer Brücke? Bekanntlich ist eine Nacht darunter schon ungemütlich genug.

Nein, Stormarn ist gerade in den vergangenen 50 Jahren vielen Menschen zur Heimat geworden. Deshalb kann Stormarn den meisten Bürgerinnen und Bürgern nicht gleichgültig sein, weder als Landschaft noch als Kreis, weder ökonomisch noch ökologisch, weder politisch noch geschichtlich.

Aus diesem Grund gibt es auch viele hundert Menschen, die sich Tag für Tag, Jahr für Jahr kommunalpolitisch engagieren, sich ehrenamtlich für ihre Gemeinde oder ihren Kreis einsetzen, die ihre freie Zeit in langen Sitzungen des Stormarner Kreistages oder den vielen Gemeindevertretungen, Ausschüssen, Fraktionen, Parteien oder unterschiedlichsten Wählergemeinschaften, in sozialen und kulturellen Einrichtungen wie den Freiwilligen Feuerwehren oder Sportvereinen verbringen.

Was viele dieser Stormarner Bürgerinnen und Bürger in mühevoller Kleinarbeit tun, ist nichts Geringeres, als das zum Leben zu erwecken, was Artikel 28 des Grundgesetzes auf lakonische Art als Chance und Auftrag vorgibt: die kommunale Selbstverwaltung, die große Errungenschaft der

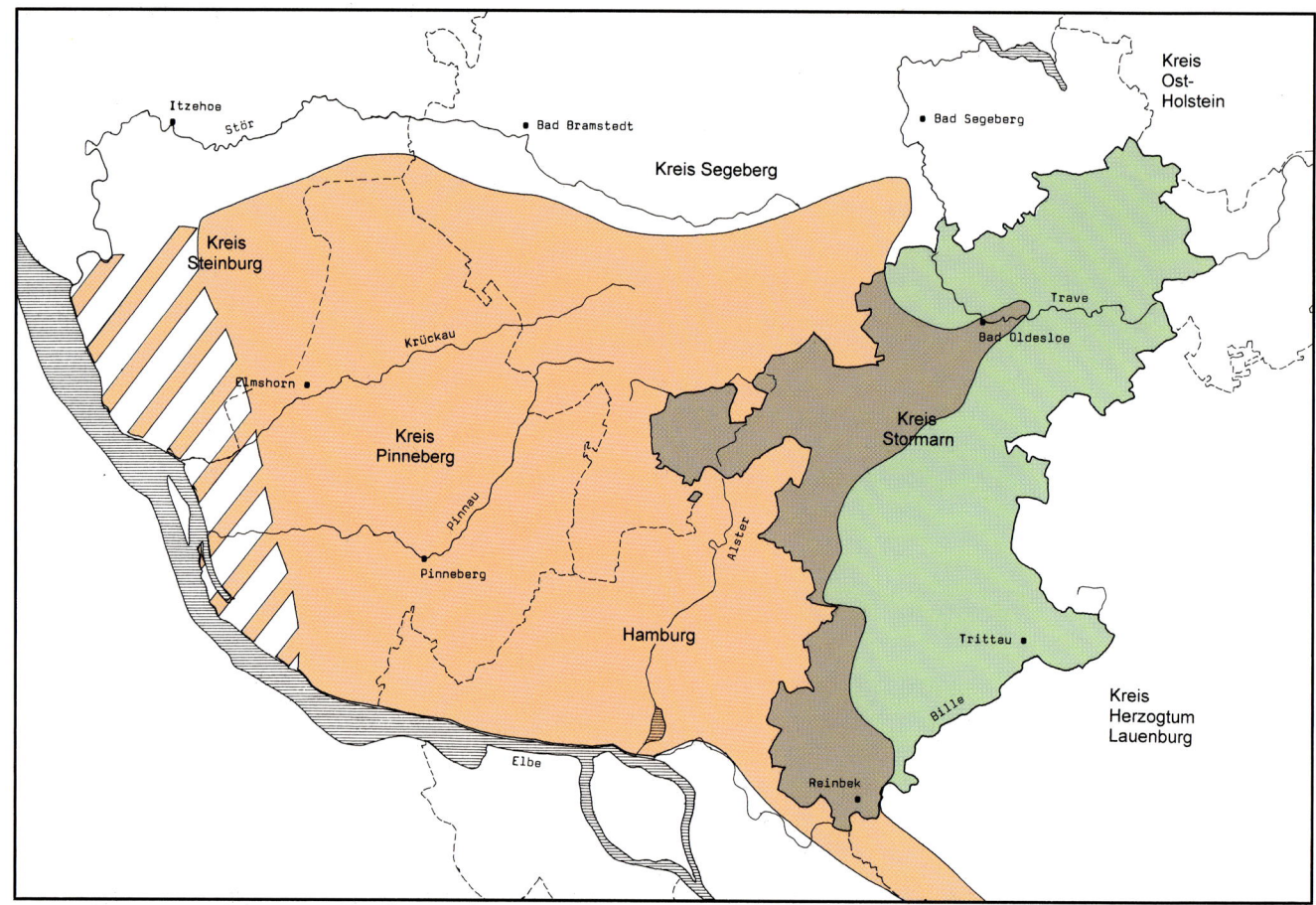

Der sächsische Stormarn-Gau, wie er im frühen 12. Jahrhundert bestand, ist eine regionale Siedlungsgemeinschaft altgermanischer Prägung. Die Schauenburger Grafen verschmolzen ihre Gaue Stormarn und Holstein mit Wagrien, das sie der slawischen Herrschaft entrissen hatten. Stormarn überdauerte die Jahrhunderte als Name und im Titel der Grafen und später auch der dänischen Könige. Daß die Preußen 1867 diesen nostalgischen Begriff auf den neuen Landkreis übertrugen, zeugte von historischer Sensibilität, darf aber nicht über die wesentlichen Unterschiede zwischen Gau und Kreis Stormarn hinwegtäuschen.

preußischen Geschichte, mit der die Stormarnerinnen und Stormarner mehr zu tun haben, als vielen auf den ersten Blick vielleicht bewußt ist.

Denn das Jahr 1867, als sich die preußische Monarchie Schleswig-Holstein einverleibt, ist nicht nur die Geburtsstunde unseres Kreises, sondern ebenso der Auftakt zur modernen Kommunalpolitik.

Nun ist karitativ oder kommunalpolitisch aktiv zu sein das eine, Stormarn historisch zu erleben oder zu erforschen das andere. Wer Lust und Muße hat, für den halten der Kreis und seine Gemeinden eine vielfältige Geschichte bereit. Es ist schon beachtlich, mit welcher Zähigkeit und Intensität eine ansehnliche Schar von Berufs- oder Freizeithistorikern in den vergangenen Jahren der Geschichte ihrer Heimat auf die Schliche gekommen ist.

Spätere Generationen werden es vielleicht zu schätzen wissen, daß wir zu Zeitzeugen eines eindrucksvollen kommunalgeschichtlichen Booms geworden sind. „Chroniken" – meist also Orts- und Gemeindegeschichten – schießen wie Pilze aus dem Boden. Alltagsgeschichte hat Konjunktur und wird akribisch aufgearbeitet. „Geschichte von unten" wird erforscht und mündet im Idealfall ein in die praktisch-konkrete Arbeit der Dorferneuerung.

Doch wer eine aktuelle Kreiskarte zur Hand nimmt, um sich Stormarn historisch zu nähern, der betritt nicht nur ein weites, sondern auch kompliziertes Terrain. Was bedeutet „Geschichte Stormarns" überhaupt? Welches Stormarn ist denn gemeint? Kreisgeschichte allein kann es verständlicherweise nicht sein, denn den Kreis gibt es eben erst seit 1867. Und was 1867 oder 1901, 1927/28 oder 1970 Stormarn war, ist längst noch nicht das, was wir auf unserer heutigen Kreiskarte zu sehen bekommen.

Die Geschichte unseres Landkreises ist diffizil, weil es Stormarn selbst oft erging, wie es sein Wappentier, der stolze, edle Schwan, auszudrücken scheint. Von diesem heißt es bekanntlich, er verkörpere den angriffsbereiten Vogel. Das mag sein. Doch scharfäugigen Beobachtern sei auch die Frage gestattet, ob dem edlen Tier wirklich nach einer Attacke zumute ist, wenn ihm doch – von wem auch immer – einfach mir nichts dir nichts eine Halskrone übergestülpt wurde, die ihm fast die Luft zum Atmen zu nehmen scheint.

Angriff oder Flucht nach vorn? Das Bild gibt zu denken. Unser Kreisvogel ist nicht so frei und ungestüm, wie es manchem vorkommt. Es ist die Krone, das Signum und Symbol obrigkeitlicher Macht, die ihn würgt und in seiner Bewegungsfreiheit beschneidet.

Ist es Stormarn in seiner langen Geschichte nicht ähnlich ergangen? Wann war es schon wirklich Herr seiner Lage? Stets gab es Mächte und Kräfte, die ihm Beschränkungen auferlegten. Immer wieder ist man Stormarn territorial zu Leibe gerückt. Wer ganz Stormarn oder die Landschaft Stormarn als seine Heimat betrachtet und sich auf deren Geschichte einläßt, hat es zu zwei Dritteln mit Gebietsteilen zu tun, die mit dem heutigen Kreis nicht deckungsgleich sind.

Wer seine Heimat Stormarn liebt, sollte deshalb vorsichtig sein, seinen Kreis nach stolzer Schwanenart und allzu übermütig zu besingen. Bekanntlich singen diese Vögel am schönsten, wenn es ans Sterben geht, und so weit ist es mit Stormarn hoffentlich noch lange nicht.

Aber wer die Auffassung teilt, aus der Geschichte könne man lernen, der weiß, daß Geschichte vor allem eine Erfahrung vermittelt: Was einmal gewesen ist, wiederholt sich nicht. Was aber früher einmal möglich war, könnte sich schon morgen so oder ähnlich erneut ereignen. Der Stormarner Schwan hat in seiner langen Geschichte des öfteren Federn lassen müssen, insbesondere beim Groß-Hamburg-Gesetz von 1937 und zuletzt beim „Norderstedtgesetz" von 1969/70.

Die Gebietsreformen der 1970er Jahre hat der Kreis leidlich gut überstanden. Aber was würde die Errichtung eines Nordstaates für Auswirkungen haben? Welche Folgen hat ein ungebremstes Ausufern Hamburgs für den Kreis und vor allem die Landschaft Stormarn? Und nicht zuletzt: Was passiert, wenn eine historisch wohl einmalige Staatsverschuldung dem großen Erbe der preußischen Geschichte, der kommunalen Selbstverwaltung, die Luft zum Atmen nimmt?

Festigkeit und Dauer verkörpern die markanten Grenzsteine, die seit einigen Jahren die Autofahrer begrüßen. Das Wappen des Kreises geht mit großer Wahrscheinlichkeit auf die mittelalterlichen Gauführer, die Stormarner Overboden, zurück. Deren Machtanspruch – symbolisiert vom kämpferischen Schwan – wurde bereits damals von übergeordneten Gewalten an die Kette gelegt. Daher die Krone, das Signum sächsischer Herzöge oder deutscher Könige, die dem allzu stürmischen Vogel den Hals zuschnürt. Um ihre Verbundenheit mit Stormarn zum Ausdruck zu bringen, wurden viele der neuen Grenzsteine von Bürgerinnen und Bürgern des Kreises gestiftet.

Die Kreisstadt Bad Oldesloe im Sonnenschein. Um 1238 gegründet und mehrfach von feindlichen Heeren niedergebrannt, erstand sie stets von neuem. Die zahlreichen Bauten der Nachkriegszeit verweisen auf den schweren Bombenangriff, der die Stadt im April 1945 traf. Trave,

Landstraße (heute B 75) und Eisenbahn betonen die Bedeutung Bad Oldesloes als Verkehrsknotenpunkt. Die alten Villen stammen aus jener Zeit, als Oldesloe ein gefragter Kurort war.

oben: Trittau entwickelte sich entlang seiner Hauptstraße. Die Kirche markiert das alte Dorfzentrum. Am Rande der Hahnheide gelegen, gehört dieser einstige Verwaltungssitz der holsteinischen Landesherren heute mit zu den Entwicklungsschwerpunkten im Kreis Stormarn. Wann wird der Gemeinde der Sprung zur Stadt gelingen?

rechts: Barsbüttel ist eine jener Hamburger Randgemeinden, die leicht als „Schlafdörfer" abgetan werden. Doch eine Anzahl leistungsfähiger Gewerbebetriebe verleiht dem Ort eine beachtliche Eigendynamik, und dörfliche Traditionen sucht man hier (fast) vergeblich.

oben: In Ahrensburg war einst alles auf Schloß und Kirche ausgerichtet. Der barocke Grundriß, den der Ort in den 1760er Jahren erhielt, prägt noch heute das Bild der größten Stadt im Kreis Stormarn.

rechte Seite: Reinbek *(oben)* und Reinfeld *(unten)* gehören historisch zusammen. Beide Städte lassen sich auf Klosteranlagen der Zisterzienser zurückführen: In Reinbek waren es Nonnen, in Reinfeld Mönche. Später gab es in beiden Orten landesherrliche Residenzen. Doch nur das Reinbeker Schloß erinnert heute noch an diese reiche Vergangenheit.

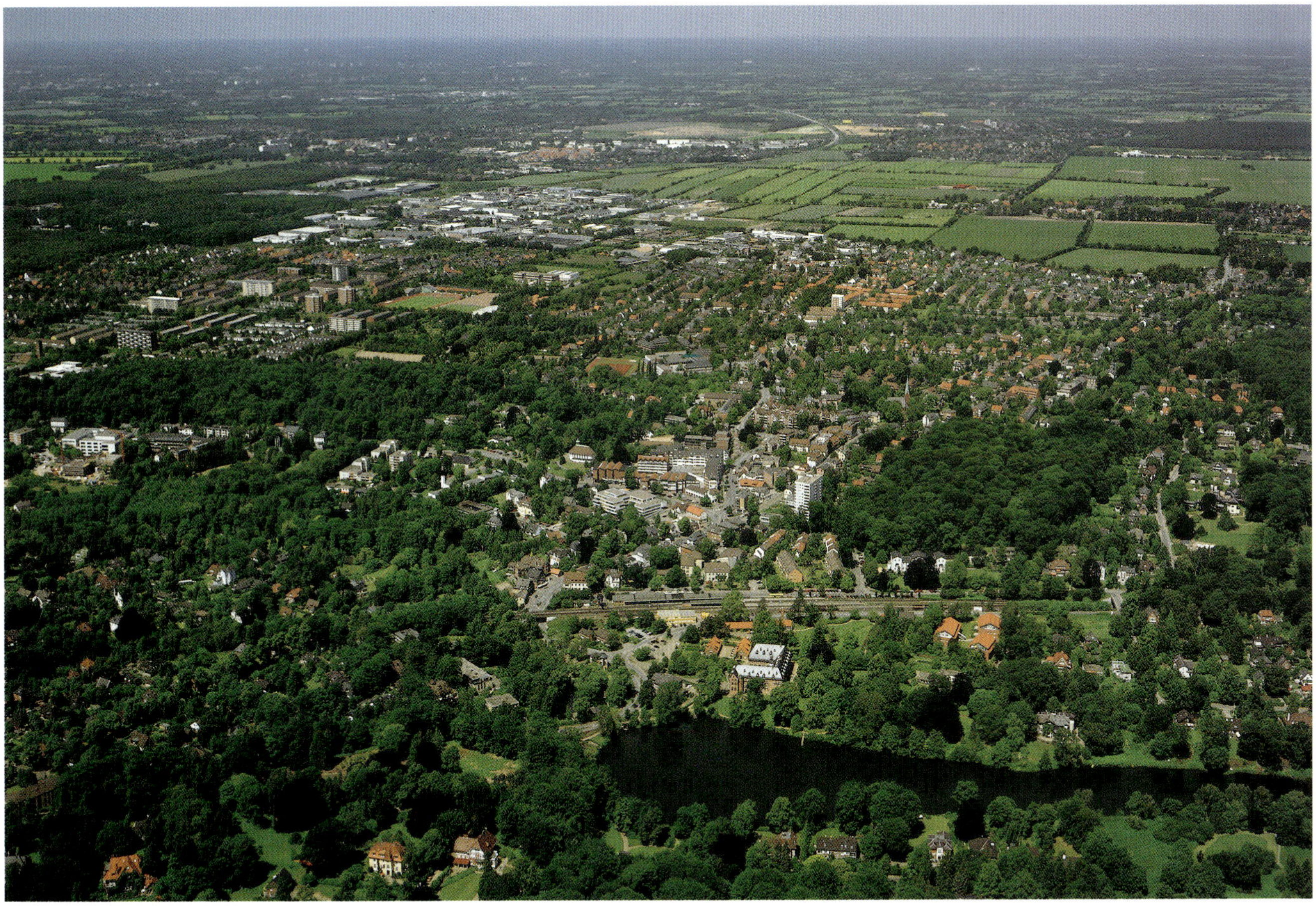

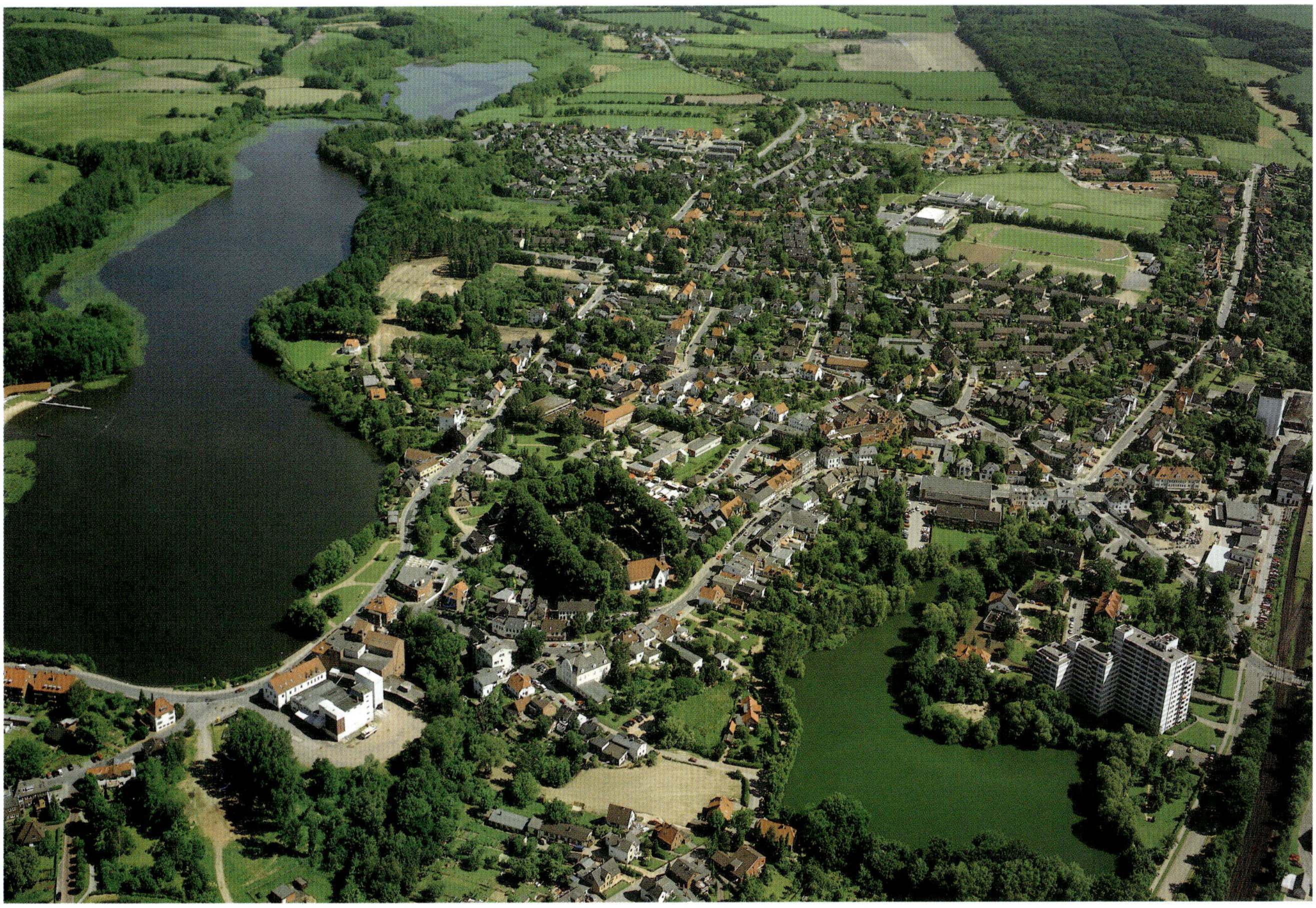

Bargteheide breitet sich aus. Im Bereich der wichtigen Entwicklungsachse Hamburg–Ahrensburg–Bad Oldesloe profitiert die junge Stadt in besonderem Maße vom Stormarner Wachstum. Noch erinnert die Kirche inmitten mächtiger Linden an ländliche Zeiten. Die alten Alleen hingegen wurden wie die traditionelle Bausubstanz weitgehend dem Gott der Moderne geopfert.

Von der Tundra zum Knick – eine Landschaft entsteht

Großflächige Felder prägen heute das Erscheinungsbild der Stormarner Kulturlandschaft. Bis in die Gegenwart hinein wurden viele der ökologisch wertvollen Knicks beseitigt. Noch immer ist Monokultur im Vormarsch, und die Landschaft droht zu veröden.

Wer denkt angesichts dieser saftigen Wiese schon an die Unwirtlichkeit der letzten Eiszeit? Und dennoch: Der Stormarner Raum verdankt sein Aussehen der Weichselvereisung, die etwa zwölf Jahrtausende zurückliegt. Das Ahrensburger Tunneltal bei Stellmoor war ein gewaltiger Fluß, der unter einem mächtigen Eispanzer lag. Seit 1982 stehen hier 339 ha unter Naturschutz, die der Verein Jordsand zum Schutz der Seevögel und der Natur betreut.

Unsere Landschaft verdanken wir der Eiszeit. Wo wir heute Stormarn vor Augen haben, erstreckte sich vor 20.000 bis 15.000 Jahren arktische Steppe oder Tundra, ähnlich wie im nördlichen Kanada oder in Sibirien. Auf ihr waren zottlige Rentiere, Auerochsen, Elche und wohl auch weniger harmlose Tiere zuhause. Rentierjäger waren folglich die ältesten Bewohner Stormarns. Und als es Anfang der 30er Jahre dem arbeitslosen Elektriker Alfred Rust in Stellmoor bei Ahrensburg gelang, ein Lager dieser eiszeitlichen Jäger auszugraben, war dies eine wissenschaftliche Sensation, die Ahrensburg zu weltweitem Ruhm in der Vorgeschichtsforschung und zu einem Rentiergeweih im Wappen verhalf.

Die Rentierjäger waren übrigens nicht nur die ersten Einwanderer, sondern auch die ersten Auswanderer Stormarns. Denn als das Eis nach Norden zurückwich, folgten ihm Tier und Mensch. Das Klima veränderte sich. Es wurde wärmer. Eine neue Vegetation mit anderen Tieren bot anderen Menschen Nahrung, und im Laufe der Zeit bildeten sich dichte, fast undurchdringliche Buchen- und Eichen-Mischwälder, durchsetzt mit weiten Mooren, Teichen und Seen.

Die Namen der Völker, die damals hier lebten, kennen wir nicht. Ebensowenig wissen wir, in welcher Sprache sie sich verständigten. Aufgrund archäologischer Funde lassen sich periodische Ein- und Auswanderungswellen feststellen.

Die vielleicht wichtigste Immigration erreichte Nordelbien vor etwa 4.000 Jahren. Es waren die sogenannten Streitaxtleute, die wahrscheinlich auch die indoeuropäische Sprache ins Land brachten.

Das Landschaftsbild änderte sich ein weiteres Mal einschneidend, nachdem sich vor ungefähr 5.000 Jahren der Ackerbau durchgesetzt hatte. Aber die winzigen Äcker trugen nur wenige Jahre, dann waren sie erschöpft. Neues Land mußte urbar gemacht werden. Brandrodung war dabei wohl an der Tagesordnung. Allerdings blieb dieser Raubbau an der Natur zunächst weitgehend folgenlos, weil menschliche Siedlungen eher die Ausnahme darstellten.

Erst das Anwachsen der Bevölkerung sollte die „Nachfrage" nach Akkerland erhöhen. Doch bekanntlich läßt sich die Natur nicht lange ungestraft herausfordern. In den ersten Jahrhunderten nach Christi Geburt lief das Faß über. Dort, wo später einmal Stormarn liegen sollte, gab es nicht nur Überbevölkerung, sondern auch Klimaveränderung und Ernteeinbußen. Ganze Stämme machten sich auf den Weg. Damals – während dieser ersten großen Armutswanderung – lag das gelobte Land im Süden und Westen Europas.

Aus Stormarn und Umgebung stammten auch die Sueben, mit denen sich kein Geringerer als Gaius Julius Cäsar am Rhein herumzuschlagen hatte. „*Sueborum gens est longe maxima et bellicosissima Germanorum omnium,*" stöhnte einst der große Feldherr im 4. Buch seines „Gallischen Krieges" – sie seien der bei weitem größte und kriegerischste Stamm unter allen Germanen. Ansonsten bescheinigen sowohl Caesar als auch Tacitus in seiner „Germania" diesen unseren Vorfahren ein durch und durch unzivilisatorisches Verhalten.

Ein paar Jahrhunderte später verließen diesen Raum Teile der Sachsen und Angeln, die das nach ihnen benannte England mit germanischer Lebensart beglückten und die römische Bürokratie abschafften. Auch die Langobarden, die in Oberitalien ihre Spuren hinterließen, hatten ihre Wurzeln in Nordelbien. Von Osten und Südosten drängten bald neue Stämme in das so entstandene Siedlungsvakuum. Slawen, Abodriten und Wilzen, ließen sich in Lauenburg und Wagrien nieder. Hier bauten sie ihre charakteristischen Ringwälle, jagten, fischten, betrieben Ackerbau und Viehzucht.

Ihre Wirtschaftsweise, Kultur und Mentalität unterschieden sich wohl nur wenig von denen ihrer westlichen Nachbarn, den in der Heimat verbliebenen germanischen Sachsen. Diese verewigten sich schließlich in den Geschichtsbüchern, als sie sich um 800 den Eroberungsversuchen Karls des Großen hartnäckig widersetzten. Statt christlicher Taufe wollten auch sie lieber in altgewohnter Manier in ihren schier endlosen Wäldern jagen, Ackerbau treiben oder gelegentlich ihre slawischen Nachbarn überfallen und ausrauben.

„Ahrensburger" oder „Oldesloer" Stufe sind längst zu Fachbegriffen der Vorgeschichtsforschung geworden, in der Professor Alfred Rust (1900–1983) einen weltweiten Ruf genießt. Die Wirtschaftskrise zu Beginn der 1930er Jahre war für den arbeitslosen Elektriker kein Grund, die Hände in den Schoß zu legen. Er interessierte sich leidenschaftlich für die Steinzeit und besuchte Vorlesungen in Hamburg und Kiel. Das Ergebnis waren spektakuläre Ausgrabungen, richtungsweisende Veröffentlichungen und eine eindrucksvolle Universitätskarriere.

Karl der Große setzte diesem Treiben innerhalb einer Generation und in einer Reihe blutiger Feldzüge ein Ende. Die Sachsen wurden dem fränkischen Reich einverleibt, mußten sich taufen lassen und den Zehnten entrichten. Nicht anders erging es 300 Jahre später den Slawen. Auch Abodriten und Wilzen sollten zum christlichen Glauben bekehrt werden, sprich den Zehnten zahlen und damit Bischof und Herzog gehorchen.

Jahrhundertelang, bis um 1140, tobten die Kämpfe. Dann waren die Slawen besiegt, die ihre politische Eigenständigkeit und kulturelle Identität verloren. Innerhalb weniger Generationen verschwand ihre Sprache aus Stormarn.

Auf das Landschaftsbild hatte diese politische Neuordnung erhebliche Auswirkungen. Wo sich bislang zwischen den Siedlungsräumen der Kontrahenten dichte Wälder ausgedehnt hatten, die voreinander Schutz boten, setzte seit dem ausgehenden 12. Jahrhundert eine massive Rodungstätigkeit ein. Technischer Fortschritt wie die Verwendung von Eisengeräten in der Landwirtschaft oder die Nutzung des Pferdes als Zugtier bewirkten geradezu einen Boom. Die Erträge wuchsen, nicht zuletzt von einem freundlicheren Klima begünstigt, und ebenso wirkte politische Stabilität sich wachstumsfördernd aus.

Im bisherigen Slawenland, wo Viehzucht vorgeherrscht hatte, stellte man auf den Anbau von Getreide um, das sich besser lagern und zudem über weite Strecken transportieren und problemlos absetzen ließ. Zunehmend hielt eine auf den Markt orientierte Produktion Einzug. Feste Handelswege durchzogen die Landschaft. Ihre Trassen kennen wir noch heute. Sie sind konkrete Geschichtsquellen.

Mit markigen Worten hatte Graf Adolf II. von Schauenburg als Landesherr von Holstein, Stormarn und Wagrien um das Jahr 1140 fremde Siedler ins Land gerufen. Und sie kamen

Nichts erinnert den Betrachter der Landschaft zwischen Siek und Großensee mehr daran, daß hier 1252 ein Dorf mit elf großen Höfen gestanden hat. Wastensvelde war sein Name. Im frühen 15. Jahrhundert ging es unter, fiel „wüst". Hunger, Seuchen und eine tiefgreifende Gesellschaftskrise ließen im Spätmittelalter auch in Stormarn die Bevölkerungszahl dramatisch zurückgehen.

auch. Friesen siedelten an der Trave bei Oldesloe, Holländer in den Elbmarschen, Westfalen im Segeberger Raum, Niedersachsen in Lauenburg, womit nur die Schwerpunkte der Neuansiedelung genannt sind.

Aber auch Stormarner und Holsten wurden aktiv und nutzten die Gelegenheit. Überall wurden die alten kleinen Äcker erweitert, zusammengelegt oder Waldstücke gerodet. Zahlreiche neue Dörfer entstanden. Wassermühlen wurden angelegt, Kirchen gegründet, Adelsburgen gebaut. An der unteren Trave entstand Lübeck, die Wachstumsmetropole des Mittelalters.

Auch die Bevölkerungszahl Nordelbiens erlebte einen rasanten Anstieg, wobei den slawischen Siedlern – was oft übersehen wird – eine erhebliche Bedeutung zukommt. Zahlreiche Ortsnamen belegen dieses. So waren einheimische Slawen maßgeblich an der Gründung der Dörfer Tremsbüttel, Eichede oder Schlamersdorf beteiligt. Slawische Vorsiedler gab es zumindest in Lütjensee, Trittau, Rümpel, Grabau und Zarpen. Das Zusammenwachsen alteinheimischer Abodriten und Stormarner mit den ins Land gekommenen Neusiedlern bildete somit das Fundament der hochmittelalterlichen Prosperität.

Doch jede Entwicklung erreicht erfahrungsgemäß irgendwann ihren Kulminationspunkt. Aus Wachstum wird Stagnation. Dieser Zeitpunkt war kurz nach 1300 erreicht. Die Versorgung mit Nahrungsmitteln verschlechterte sich. Bauernstellen wurden verlassen, Mühlen verfielen, Verteilungskämpfe um den kleiner werdenden Kuchen setzten ein.

Was vorher auf dem Verhandlungswege beizulegen war, wurde nun bewaffnet ausgefochten. Fehden waren gang und gäbe, verschärften die allgemeine Krise aber nur. Versuche, die Bauern zu höheren Abgabe- und Dienstleistungen zu zwingen, blieben praktisch wirkungslos. Wer nicht zahlen wollte, wanderte im wahrsten Sinne des Wortes „zur Not" aus, oft in eine der benachbarten Städte.

Diese Entwicklung war nicht auf Stormarn oder den deutschsprachigen Raum beschränkt, sondern gilt als gesamteuropäisches Phänomen. In den Jahren 1315 bis 1317 wurde unser Kontinent von einer gigantischen Hungersnot heimgesucht. Klimatische Extreme führten nicht selten zum Totalausfall der Ernten. Die Nahrungsmittelpreise erreichten astronomische Höhen. Zu Hunderttausenden verließen die notleidenden Menschen ihre Dörfer und zogen dorthin, wo es angeblich besser sein sollte. Doch wo sie auch hinkamen, verschlechterten sie die Situation. Hunger, Flucht und Seuchen forderten ihren Tribut.

Aber noch hatte die Katastrophe ihren Höhepunkt nicht erreicht. Aus Zentralasien kommend, griff die Pest auf Europa über und tobte sich 1348 und 1350 zwischen Italien und Skandinavien aus. Ein Jahrhundert der Krise war eröffnet. Wie viele Opfer forderte die Pest hierzulande? War es ein Viertel, ein Drittel oder die Hälfte der Menschen? Wir wissen es nicht. Die Bauern setzten nichts mehr ab. Die Konsumenten fehlten, so daß der Getreidepreis fiel und Grundbesitz seinen Wert verlor.

Die Auswirkungen dieser Krise des 14./15. Jahrhunderts sind bis heute nachzuvollziehen. Nicht nur Bauernstellen verschwanden damals in großer Zahl, sondern ganze Dörfer. War zuvor das flache Land mit einem dichten Netz vor allem kleiner Siedlungen überzogen, so veränderte sich nun das Bild. Gerade Dörfer fernab der Handelswege oder mit minderwertigem Ackerland zeigten sich besonders anfällig und „fielen wüst".

In mittelalterlichen Urkunden Stormarns finden sich Dorfnamen wie Lutteken Radelstorpe, Boterslo, Bunebutle, Emekenhaghen, Haldesdorp oder Stormurfeld – Namen, die man heute vergeblich suchen wird. Sogar ein ganzes Kirchdorf – Schonenborne – ging unter. Menschliche Tragödien haben sich dort abgespielt, wo heute nicht einmal mehr Erdhügel von Stormarns einstigen Dörfern zeugen.

Gelegentlich lassen sich bei günstiger Quellenüberlieferung die Ausmaße der damaligen Siedlungsverluste quantifizieren. Siek, um etwa 1260 im einstigen Grenzwald als Dorf mit einer Kirche und etwa 16 Vollbauernstellen (Hufen) gegründet, hatte 1492, in dem Jahr, als Kolumbus Amerika entdeckte, nur noch ganze 2 Hufen und 5 Katen.

Das an der Landstraße Hamburg-Lübeck gelegene Bargteheide, ein Kirchdorf mit besonders günstigen infrastrukturellen Voraussetzungen, wies um 1490 nur noch 10 Hufen, 5 Halbhufen und 13 kleinere Stellen auf. Ursprünglich hatte es allein in diesem Dorf, das wohl in der 2. Hälfte des 12. Jahrhunderts angelegt worden war, etwa 18 Vollhufen gegeben.

Seit dem ausgehenden 15. Jahrhundert ist dann wieder eine Besserung der Verhältnisse festzustellen. Die Bevölkerungszahl steigt an. Neue Absatzmöglichkeiten für landwirtschaftliche und gewerbliche Produkte eröffnen sich. Doch die Zwischenzeit hat zu erheblichen sozialen Veränderungen geführt. Den adligen Herren ist

es gelungen, die Bauern an die Scholle zu binden, sprich die Leibeigenschaft einzuführen. Der vormals rechtlich freie Bauernstand sieht sich insbesondere im Osten Schleswig-Holsteins seiner alten Rechte beraubt.

Mit dem Preis einer geknechteten und entrechteten Bauernschaft bildet sich eine beeindruckende Adelskultur heraus. Sie ist verbunden mit Namen wie Johann Rantzau, dem dänischen Statthalter in SchleswigHolstein, Bartholomäus von Ahlefeld, dem freigeistigen Gutsherrn von Fresenburg, oder Bendix von Ahlefeldt, dem Mäzen der Hamburger Oper im 18. Jahrhundert und Schöpfer des Jersbeker Barockgartens.

Der entscheidende Umbruch zugunsten der Gutswirtschaft war in der Mitte des 16. Jahrhunderts abgeschlossen. Zeitgleich vollzog sich die Auflösung der traditionellen Glaubensvorstellungen. Die Reformation hielt Einzug, was nicht zuletzt die Säkularisierung der Klöster zur Folge hatte, so in Reinbek und Reinfeld. Aber was ist – abgesehen von ein paar Mauerresten – vom mächtigen Zisterzienserkloster in der Karpfenstadt geblieben? Nichts – außer einem ansehnlichen Modell im Heimatmuseum Reinfeld.

In der Literatur wird der Jersbeker Reformer Paschen von Cossel (1714–1805) als liberaler Freigeist gefeiert. Er selbst sah seine Aktivitäten vor allem unter ökonomischen Gesichtspunkten. Seine Rolle als Gutsherr mit absoluten Rechten betonte er nachdrücklich: *„Der Bauer in meinen Güthern ist nie in einer anderen Absicht auf seine Stelle gesetzt, als dem Gutsherrn zu dienen und seinen eigenen ihm eingethanen Acker und Oeconomie wahrzunehmen."*

Von Cossel war ein aktiver Freimaurer. Gemeinsam mit seiner zweiten Frau fand er in einer aus Findlingen errichteten Grabanlage im Jersbeker Forst seine letzte Ruhestätte. Das Grab wurde 1986 unter Denkmalschutz gestellt und inzwischen restauriert. Es gehört sicherlich mit zu den eindrucksvollsten Ausflugszielen in Stormarn.

Wer inmitten dieser schattigen Waldlandschaft bei Zarpen spaziert, sollte sich bewußt sein, daß unsere Wälder im 18. Jahrhundert in ihrem Bestand stark gefährdet waren. Sie dienten nicht nur als Brenn- und Nutzholzreservoir, sondern vor allem als Viehweide. Viehverbiß und unkontrollierter Holzeinschlag setzten den Wäldern erheblich zu. Im Rahmen der Verkoppelung wurden sie für die Bauern gesperrt. Es entstanden die „Zuschläge" als herrschaftliche Forsten. Diesem Weitblick von Politik und Verwaltung verdanken die Wälder ihr Überleben. Sie bieten heute dem Wanderer Ruhe und Entspannung.

Im 18. Jahrhundert zeigte sich vielerorts, daß die traditionelle Agrarwirtschaft in einer Sackgasse steckte. Die durch Leibeigenschaft an die Scholle gefesselte Bauernschaft war, zumindest soweit es die adligen Güter betraf, kaum noch existenzfähig. Wollte der Adel seine gesellschaftspolitische Position behaupten, war er zu Zugeständnissen gezwungen, wobei die Aristokraten nach dem Prinzip handelten: „Wenn wir wollen, daß alles bleibt, wie es ist, dann ist es nötig, daß alles sich verändert". Somit stand die Leibeigenschaft zur Disposition und damit der Eckpfeiler des gutswirtschaftlichen Systems.

Das Beispiel Jersbek mag das Ausmaß dieser tiefgreifenden Agrarreformen verdeutlichen. Nachdem sich das Gut jahrhundertelang im Familienbesitz befunden hatte, kaufte es 1774 der Jurist Paschen von Cossel. Er hob die Leibeigenschaft auf und siedelte auf einigen Koppeln Parzellisten an, Siedlerfamilien, die eine kleine Bauernstelle als Erbpacht bebauten. Wo vorher der Schlendrian eines heruntergekommenen Gutshofes geherrscht hatte, schuf von Cossel nun ein bäuerliches Gemeinwesen, das an einer effizienten Bewirtschaftung interessiert war. Die Parzellisten mußten lernen, ihre Höfe nach den Prinzipien der Rentabilität und Rationalität zu führen. Das war der Geist eines aufgeklärten Zeitalters.

Waren die Reformen auf den Gütern bis zur allgemeinen Aufhebung der Leibeigenschaft, die im Königreich Dänemark mit Wirkung vom 1. Januar 1805 erfolgte, einzig von der Einsicht der Gutsherren abhängig gewesen, so hatte die Landesherrschaft in den Amtsbezirken stets freie Hand gehabt. Das ganze 18. Jahrhundert hindurch wurden Dorf für Dorf Reformen eingeleitet, ebenfalls mit dem Zweck, die Leistungsfähigkeit des Bauernstandes zu verbessern und das Steueraufkommen zu steigern.

Die bisherige Zersplitterung des Grundbesitzes, die Vielzahl kleiner Parzellen in Gemengelage, die eine gemeinsame Bestellung der jeweili-

Stormarner Knicklandschaft bei Lasbek – auch sie ein Ergebnis der tiefgreifenden Agrarreformen des 18. Jahrhunderts. Viele Knicks sind inzwischen jedoch den Flurbereinigungen unserer Jahrzehnte zum Opfer gefallen. Ganz anders sah es vor der Verkoppelung des 18. Jahrhunderts aus, als in mehrjährigen Zyklen wechselnde Feldfrüchte angebaut wurden. Eingeschobene Brachejahre mit der Nutzung der Flächen als Viehweide waren typisch für die holsteinische Schlagwirtschaft, ein recht kompliziertes System der Bodenbearbeitung. Eine „Drei-Felder-Wirtschaft", wie oft zu lesen ist, hat es in unserem Raum nie gegeben.

gen Flur erforderten, rief die Kritik liberaler Geister hervor. Die traditionelle Bewirtschaftungsform wurde als „Flurzwang" angeprangert und die individuelle Führung jeder Bauernstelle gefordert. Wie war dies zu erreichen?

Sehen wir uns Klein Hansdorf im Amt Tremsbüttel an. Hier gab es fünf Hufen (Vollbauernhöfe), die Halbhufe des Bauervogts, zwei Katen und die Stellen von Hirte und Schulmeister. Die größte Stelle im Dorf war mit Abstand die des Bauervogts, die steuerlich wesentlich geringer belastet war als die kleineren Hufen. Insgesamt zeigt Klein Hansdorf das Bild ausgeprägter sozialer und fiskalischer Ungerechtigkeiten, und dieses Bild war damals in Stormarns Dörfern die Regel.

Hier sollten die Reformen der Verkoppelungszeit nun ansetzen. Als erster Schritt wurde 1774 eine exakte Vermessung durchgeführt und ein Verzeichnis der Liegenschaften erstellt. Daran schloß sich die Ausarbeitung eines Verteilungsplanes an, der größere Acker- und Wiesenländereien mit möglichst kurzen Wegen schaffen sollte. Die fünf Hufen hatten fortan eine gleiche Größe. Vier Jahre nach der Vermessung wurde die Verkoppelung Klein Hansdorfs beschlossen und in Angriff genommen. Gräben und Wälle umgaben die neuen großen Äcker. Die Erdwälle wurden bepflanzt, und aus diesen Wallhecken entstanden unsere vielgerühmten Knicks.

Es war schon eine merkwürdige Reform, die sich damals in Stormarns Dörfern, aber nicht nur hier, ereignete. Amtmänner und adlige Herren traten in einen Dialog mit der Bauernschaft ein. Gelegentlich fielen auch deutliche Worte, und es kam sogar zu Handgreiflichkeiten. Doch das Ergebnis ließ sich sehen. Was als moderne Agrarreform des 18. Jahrhunderts Geschichte machte, sollte bis zur „Flurbereinigung" der 1960er Jahre Bestand haben. Wird den großen politischen Entscheidungen von heute auch eine derartige Langlebigkeit beschieden sein?

Menschen in Stormarn

"Der Niedersachse, in Schleswig wie in Holstein, ist offen und treuherzig, dabei ausgiebig mit einer Gradheit, die bis zur Derbheit gehen kann," meinte der Schlachtenbummler Theodor Fontane 1864, als er über unsere Vorfahren nachdachte. Das mag angehen, aber woher kamen die Stormarnerinnen und Stormarner, die in preußischen Tagen noch Kreiseingesessene hießen?

oben: Weltweit bekannten sich Anfang 1993 rund 856.600 Menschen in 60 Ländern zu den Mennoniten, davon 22.000 in Deutschland. Immer wieder waren sie Verfolgungen ausgesetzt. In diesem Jahrhundert flohen viele aus Osteuropa nach Amerika. Seit dem 16. Jahrhundert bildete das von ihnen erschlossene Weichseldelta eines ihrer Glaubenszentren, während heute Kanada, die USA und Südamerika die stärksten Gemeinden aufweisen.

rechte Seite: Ginge man in die Welt hinaus, um zu erfahren, welches Gebäude im Kreis das bekannteste sei, – die Stormarnerinnen und Stormarner wären über das Ergebnis der Umfrage wohl überrascht. Gemeint ist keineswegs das Ahrensburger Schloß, das sich zweifellos allgemeiner Beliebtheit erfreut und bereits Briefmarken der Bundespost zierte, sondern eine schlichte reetgedeckte Kate. Wir stoßen auf sie etwa 400 m nördlich der Oldesloer Stadtgrenze, wo im Schutze einer mächtigen Linde an der Landstraße nach Segeberg die Mennokate steht. Hier lebte und wirkte in der Mitte des 16. Jahrhunderts Menno Simons, der Gründer der Mennoniten.

Wo Intoleranz, staatliche Willkür, Krieg und wirtschaftliche Not wüten, wo der Mensch dem Menschen zum Wolf wird, dort weiß die Geschichte von Verfolgten, Opfern, Flüchtlingen oder Vertriebenen, kurzum, von Völkerwanderungen zu berichten. Von solchen Migrationsprozessen, die auch an Stormarn nicht vorbeigingen, war bereits die Rede, und eines ist diesen kollektiven Odysseen meist gemeinsam: sie bleiben in der Regel zutiefst anonym. Wir wissen von den großen oder auch kleinen Wanderungswellen, kennen von den Betroffenen und Leidgeprüften jedoch kaum einen.

Menno Simons, der – von heute aus gesehen – ursprünglich auch kein Stormarner war, sondern erst einer werden sollte, ist hier eine große Ausnahme und zugleich ein historischer Glücksfall. Wer war dieser frühe Exilant, Stormarns erster prominenter „Asylbewerber"?

Seine Heimat lag in Witmarsum/Westfriesland in den Niederlanden, wo er 1496 das Licht der Welt erblickte. Menno Simons schlug die geistliche Laufbahn ein und wurde Priester. Sein Amt trat er in den von Glaubenskämpfen aufgewühlten Jahrzehnten der Reformation an. Insbesondere in den Niederlanden hatten die radikalprotestantischen Täufer weite Verbreitung gefunden. Sie lehnten die Kindstaufe ab und forderten von ihren Mitgliedern eine nochmalige Taufe.

Als katholischer Pfarrer im heimatlichen Witmarsum erlebte Menno Simons im April 1535 die Kämpfe um das benachbarte Kloster Bolsward. Dort wurden rebellierende Täufer von katholischen Truppen besiegt. 130 Täufer fielen im Kampf, darunter auch ein Bruder Mennos. Die 170 Überlebenden ertränkte man nach ihrer Gefangennahme.

Menno hatte sich bereits im Vorjahr mit dem Täufer-Königreich des Jan van Leyden zu Münster kritisch auseinandergesetzt. Seine Streitschrift wurde jedoch nur handschriftlich verbreitet. Er argumentierte damals bereits vom Standpunkt der Täufer aus, deren radikalste Auswüchse er allerdings ablehnte. Erst 1536, im Alter von 40 Jahren, brach Menno offiziell mit der katholischen Kirche. „Er wählte den Weg des Kreuzes," wie man später sagte, eine Entscheidung, die sein weiteres Leben prägen und ihn nach Stormarn verschlagen sollte.

In den Täufergemeinden, die das Amt eines Priesters kannten, jedoch hierarchische Strukturen und damit Bischöfe ablehnten, wurde Menno 1537 zum Gemeindeältesten von Leeuwarden gewählt. Von nun an unternahm er endlose Missionsreisen. So weilte er bis 1541 und zwischen 1543 und 1545 vornehmlich in Ostfriesland oder wirkte von 1541 bis 1543 in Amsterdam.

Als in den Niederlanden die Verfolgungen der „Doopsgezinde" (Taufgesinnten) zunahmen, wich er 1545 nach Kurköln und in den Raum um Limburg an der Maas aus. Mennos Leben wurde zu einer einzigen Flucht vor Verfolgungen. Kaiser Karl V. erließ ein Edikt, in dem er ein Kopfgeld von 100 Gulden aussetzte. Mennos Schriften wurden verboten. Wer ihm half, hatte mit Folter und Tod zu rechnen.

Schon in den frühen 1530er Jahren waren die ersten Täufer nach Schleswig-Holstein gekommen. So finden wir sie 1532 in Wandsbek, Pinneberg, Oldesloe und in der Umgebung Lübecks. Unter dem Druck der Verfolgung in den Niederlanden kam es seit den 1540er Jahren zu massierten Auswanderungen nach Hamburg und Holstein. Von hier aus zogen viele weiter nach Danzig und Königsberg, nach West- und Ostpreußen also.

Es ist nicht genau bekannt, wann Menno Simons erstmals die staubige Straße von Hamburg nach Lübeck

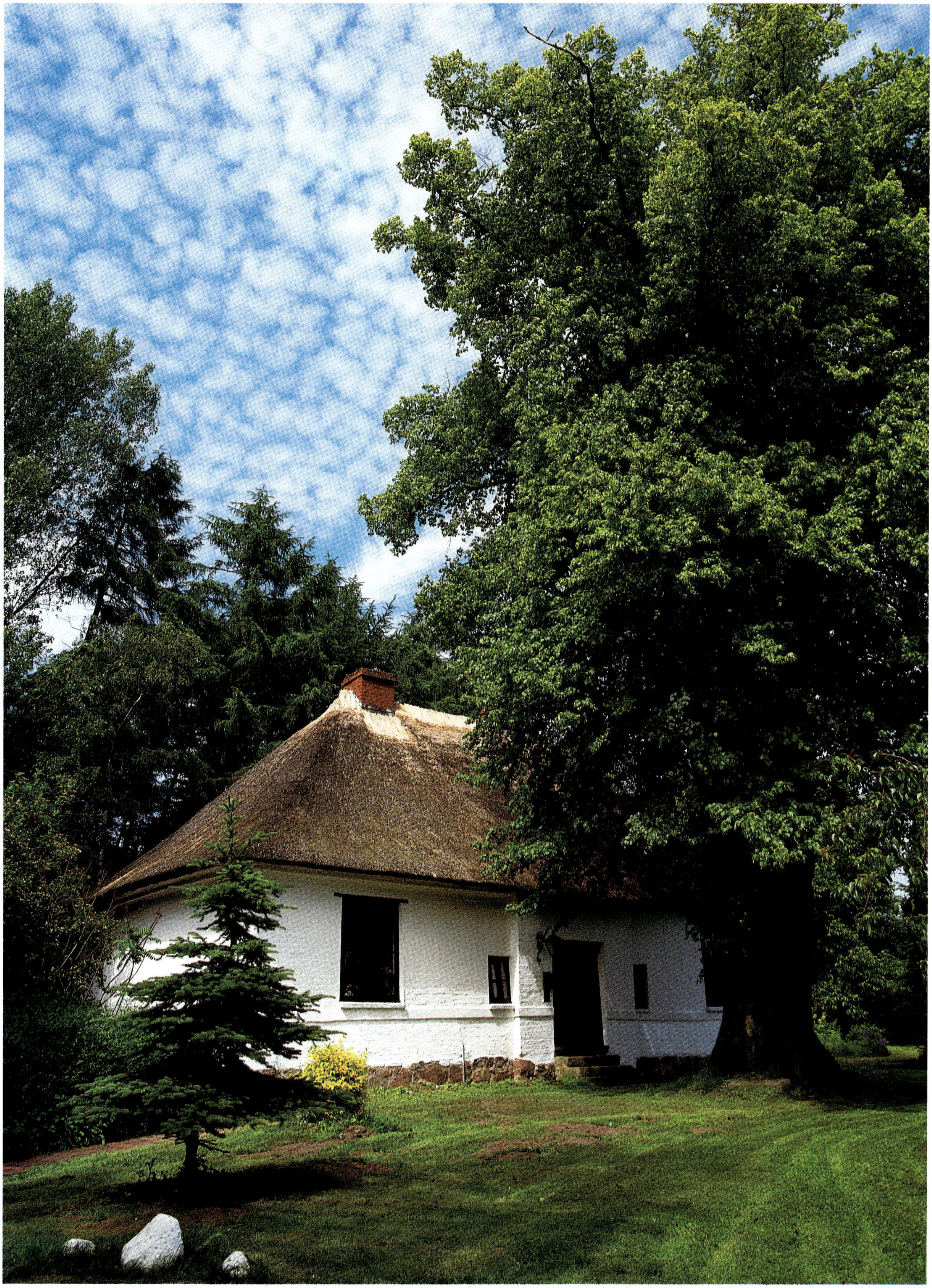

Die Mennokate, ein ebenso kleines wie originelles Museum, wurde vor einigen Jahren vom Kreis Stormarn restauriert, wodurch ein wichtiges (kultur)politisches Zeichen gesetzt wurde. Im 16. Jahrhundert eine Stätte des Asyls, ist sie noch heute Ausdruck von Toleranz und Mitmenschlichkeit, wie uns der Hausherr Otto Friedrich Dörwald versichert.

entlangzog. Um 1546/47 trat er in Wismar und in der Umgebung Lübecks in Erscheinung. Er, der einstige katholische Pfarrer, war inzwischen verheiratet und hatte drei Kinder. Nach einer Missionsreise, die ihn 1553 und 1554 nach Wismar und in den südlichen Ostseeraum geführt hatte, fand die Familie schließlich eine dauerhafte Bleibe auf Gut Fresenburg bei Oldesloe.

Es ist schon recht ungewöhnlich, daß ein Glaubensflüchtling wie Menno auf dem Gut eines holsteinischen Adligen Asyl fand. Balthasar von Ahlefeldt auf Fresenburg gehörte einer der angesehensten Familien der Ritterschaft an. Sein Gut war ein stattlicher Besitz, zu dem neben dem Haupthof die Dörfer und Höfe Blumendorf, Glinde, Wolkenwehe, Poggensee, Schadehorn und Seefeld gehörten. Wie auf nahezu allen Gütern herrschte auch hier Leibeigenschaft mit strengen Dienstpflichten der untertänigen Bauern.

Doch bei Balthasar von Ahlefeldt gab es auch die Kehrseite der Medaille. 1542 hatte er an den Glaubenskämpfen in den Niederlanden teilgenommen und gegen Kaiser Karl V. gekämpft. Der Fresenburger Gutsherr erlebte dort die Glaubensstärke und Opferbereitschaft der Täufer und lernte sie als tüchtige Handwerker, Händler und Bauern kennen. Als immer mehr von ihnen ihre Heimat aufgeben mußten und durch Stormarn kamen, bot er ihnen Asyl.

In der Nachbarschaft des Gutshofes Fresenburg gründete von Ahlefeldt ein Dorf für die Neu-Stormarner: Wüstenfelde. Hier ließ sich auch Menno Simons mit seiner Frau Gertrude und den Kindern nieder. Nach langen Jahren eines unsteten Wanderlebens und mehrmaliger Vertreibung fanden sie dort ihre neue Heimat. Zu den religiösen Schriften, die Menno Simons noch in den Niederlanden verfaßt hatte, gehört sein 1539 erschienenes Hauptwerk *„Dat Fundament des Christelijken Leers"*. In Wüstenfelde richtete er nun eine Druckerei ein und machte den Ort zum publizistischen Zentrum der inzwischen nach ihm benannten „Mennoniten". Eine erste Ausgabe seiner Werke konnte jedoch erst nach seinem Tod erscheinen. Menno starb am 31. Januar 1561 65jährig in Wüstenfelde, wo er in seinem Garten bestattet wurde.

Wüstenfelde sucht man auf der Kreiskarte vergeblich. Nachdem die Mennoniten ab 1578 in den Niederlanden

Mehr als nur ein historisches Relikt ist dieser mennonitische Taufteller aus der Frühzeit der Glaubensgemeinschaft. Sein Sinnspruch vermittelt ein schlichtes Bekenntnis: *„Taufen was mündig ist, sprechen was bündig ist. In freiem christlichem Glauben; mit Taten und Worten, die sich richten nach oben."*

wieder offiziell geduldet worden waren und 1626 Religionsfreiheit erlangt hatten, ging ihre Zeit in Stormarn mit dem Dreißigjährigen Krieg zuende.

Katholische Truppen Tillys und Wallensteins brannten Gut Fresenburg nieder und zerstörten das „Ketzerdorf" Wüstenfelde. Erneut mußten die Mennoniten auf die Flucht gehen. Ihr Dorf ging ein und fiel wüst. Nicht einmal seine genaue Lage ist bekannt. Auch Mennos Grab ist verschollen.

Ältere Heimatgeschichten sprechen gern vom „Menschenschlag", vom typischen Holsteiner, vom bodenständigen Norddeutschen im „Stormerland", der vorzugsweise auch blond und blauäugig sein darf. Noch Fontane strapaziert ähnliche Klischees in seinem Buch vom schleswig-holsteinischen Krieg 1864: *„Der Niedersachse, in Schleswig wie in Holstein, ist offen und treuherzig, dabei ausgiebig mit einer Gradheit, die bis zur Derbheit gehen kann."* Oder: *„Es ist eine ruhige Art, fest, oft trotzig, allem Gepahle feind, aber selbstbewußt."*

Nun, etwas mag daran richtig sein, aber eben nur etwas. Die Geschichte hat – wie das Beispiel Menno Simons zeigt – es selten zugelassen, daß Bodenständigkeit zu einem kontinuierlichen Allgemeingut werden konnte. Mennoniten kamen im 16. Jahrhundert, Juden genossen später gutsherrlichen Schutz und siedelten sich in Wandsbek und Ahrensburg an. Und noch heute läßt sich an Familiennamen wie Westfal, Wolgast, Soltau, Hesse oder Fleming ablesen, wo die Vorfahren unserer Stormarnerinnen und Stormarner einmal hergekommen sind.

Wer sich mit der Geschichte der mehr als 200.000 Kreisbewohner beschäftigt, hat es stets mit Bevölkerungszufluß von außen zu tun. Schwedische und ostpreußische Dienstboten und Landarbeiter kommen im 19. Jahrhundert. Hamburger ziehen zu dieser Zeit und später in den Kreis, weil sie wohlhabend sind und das „platte" Land als Refugium betrachten. Mittellose Arbeiterfamilien aus derselben unwirtlichen Metropole suchen in Stormarn billigen Wohnraum oder leben in den Jahren der 1930er Weltwirtschaftskrise zu Tausenden „wild" in Behelfsunterkünften und stellen die Kreisverwaltung vor fast unlösbare Probleme.

Der Bombenkrieg des Zweiten Weltkrieges treibt die Hamburger wiederum und dieses Mal zu Zehntausenden nach Stormarn, wo sie oft jahrelang mehr schlecht als recht unterkommen und sich ebenso oft gegenüber den „Flüchtlingen" aus dem deutschen Osten benachteiligt fühlen, weil diese aus politischem Kalkül mehr Hilfen erhalten.

Aus der Ostzone und späteren DDR kommen weitere Flüchtlinge. Bis 1961 – dann teilen Mauer und Stacheldraht die beiden deutschen Staaten so perfekt, daß dem bundesdeutschen Wirtschaftswunder schon bald die Arbeitskräfte fehlen. Doch nun eilen Gastarbeiter zur Hilfe, die man herzlich willkommen heißt und deren Geschichte in Stormarn bis heute noch kaum aufgearbeitet worden ist.

Und dann dauert es fast drei Jahrzehnte, bis man die Landsleute „aus dem Osten" wieder ebenso herzlich und mit Tränen in den Augen begrüßen darf. Aber das sind nun schon die Jahre, in denen die Wörter „Asyl" oder „Flüchtling" für viele Deutsche einen ganz anderen Klang angenommen haben.

Während der Stormarner Raum im 19. und 20. Jahrhundert von außerhalb einen ständigen Bevölkerungszuwachs erfährt, gibt es natürlich auch die große Gegenbewegung, die nicht vergessen werden soll: die gewaltige Überseeauswanderung vornehmlich des vorigen Jahrhunderts, als auch aus Stormarns Dörfern immer wieder Menschen aufbrechen, um ihr Glück, das sie hier nicht zu finden scheinen, besonders im gelobten Land Amerika zu suchen.

Allerdings hat keine „Völkerwanderung" die jüngere deutsche Geschichte und damit auch die Stormarner Zeitgeschichte demographisch und sozial, politisch und ökonomisch, mental und moralisch so sehr geprägt wie Flucht und Vertreibung infolge des Zweiten Weltkrieges.

Wieder einmal veränderten unsere Dörfer ihr Gesicht nachhaltig. Als die Jahre der Einquartierung, der notdürftigen Versorgung, der miserablen Lebensumstände, der Not, des Elends und der Diskriminierung halbwegs überstanden waren, war auch die typische Flüchtlingssiedlung allmählich aus dem Boden gewachsen.

Es waren meist schlichte Siedlungshäuser am Rand der klassischen Bauerndörfer, und die Straßen, an denen sie liegen, heißen nach einer fernen Heimat: Königsberger-, Danziger-, Stettiner - oder Breslauer Straße, Ostpreußen-, Pommern- oder Masurenweg.

Es ist ein Verdienst jüngerer Ortsgeschichten, daß wir in den vergangenen Jahren viele aufschlußreiche Zeitzeugenaussagen oder andere Quellen zum großen Themenkomplex „Flucht und Vertreibung" haben konservieren können. Dennoch gibt es gerade auf diesem Gebiet noch viel zu tun. Die Zeit drängt, Erinnerungen verblassen, Aufzeichnungen oder Fotoquellen geraten möglicherweise in Vergessenheit oder sind noch gar nicht angeregt oder gesucht worden. Nichts ist historiographisch so dringend in den kommenden Jahren, als hier zu forschen.

Blättert man im Stormarnbuch von 1960, dieser herrlich nostalgischen wie treuherzigen Wirtschaftswunderbilanz, dann darf im „Leitartikel" von Landrat Wennemar Haarmann selbstverständlich die Heimatstube nicht fehlen, die der Kreis Stormarn im Juli 1958 als selbsternannter Pate für den Kreis Kolberg-Körlin im Verwaltungsgebäude eingeweiht hatte. Inzwischen gibt es diesen musealen Ort, der eine Generation später inmitten einer geschäftigen Kreisverwaltung wie ein historisches Sterbezimmer wirken mußte, nicht mehr.

Doch dessenungeachtet: Wo ist sie geblieben, diese Heimatstube, die Landrat Haarmann seinen Lesern mahnend vor Augen führte, damit *„der Heimatgedanke und die Erinnerung an die Ostgebiete aufrechterhalten sowie das Recht auf Heimat unterstrichen"* werde? Heimat ist in den allermeisten Fällen inzwischen sicherlich hier in Stormarn begründet worden, aber gibt es kein Museum, wo dieses rührselige Stübchen Wiederauferstehung feiern kann?

Manche Dörfer besitzen eine besondere Visitenkarte. Ihr Ortsschild weist in jene Tage zurück, als sich hier Menschen ansiedelten. Schlamersdorfs Taufpate war ein gewisser Slawomir, ein slawischer Abodrite, dessen Name „Ruhm" (slawa) und „Friede"/"Welt" (mir) bedeutet. Bis heute verweist der Ortsname auf slawische Wurzeln und damit auf den Integrationsprozeß zweier Völker im mittelalterlichen Stormarn.

Eine typische alte Kate unserer Gegend. Sicher, aber es ist eine ganz besondere Kate: Die Ahrensburger Synagoge, auch „Judentempel" genannt. Seit 1758 gehörten Angehörige der jüdischen Familie Lehmann zum Personal der Schimmelmanns auf Gut Ahrensburg. Von den Gutsherren gefördert, siedelten sich hier mehrere jüdischen Familien an. 1822/23 kam es zur Bildung einer eigenen Gemeinde mit Synagoge und Friedhof. 1938, im Jahr der Reichspogromnacht, mußte das Haus verkauft werden. Unsere letzten jüdischen Mitbürger in Ahrensburg brauchten Geld, um dem braunen Terror entfliehen zu können.

Wohnungsnot und Wohnungsbau nach dem Kriege. Hier in Glashütte, das bis 1969/70 noch zum Kreis Stormarn gehörte, bevor es in Norderstedt aufging, entstand Anfang der 1950er Jahre eine Nebenerwerbssiedlung.

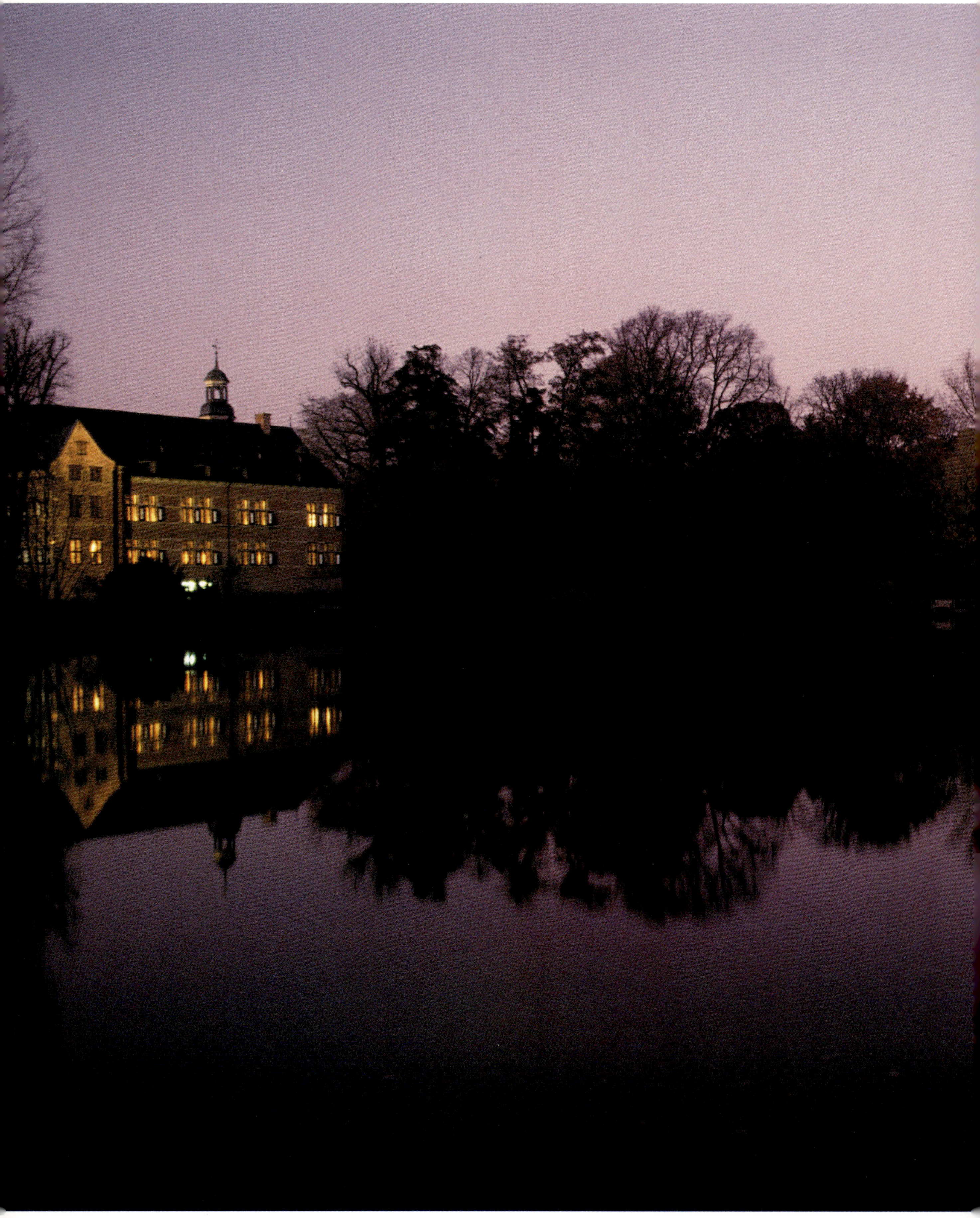

Land und Herrschaft

Herzog Adolf von Gottorf war ein imponierender Renaissance-Fürst. Er hielt sogar um die Hand der englischen Königin Elisabeth an, wurde aber abgewiesen. In den Jahren 1572-1576 ließ er das Reinbeker Schloß erbauen, das von 1867-1873 dem ersten Stormarner Landrat als Amtssitz diente.

Sie sind sicherlich die unauffälligsten unter den historischen Denkmälern: Stormarns Grenzsteine – aus Findlingen gehauen und mit meist unbeholfenen Inschriften versehen. Dennoch markieren sie Grenzen, die immer noch Gültigkeit besitzen. Hier stehen wir an der alten Landesgrenze zwischen dem dänischen Amt Trittau und dem Herzogtum Sachsen-Lauenburg, der heutigen Kreisgrenze bei Hohenfelde.

Kreisgrenzen sind wie Landesgrenzen, historisch gewachsen und deshalb niemals ewig. Doch da gibt es einen Unterschied. Daß ihre nationalen Grenzen dramatischen Veränderungen unterworfen waren, zählte für die Deutschen allein in den vergangenen zwei Jahrhunderten mit zu den schmerzlichsten Erfahrungen.

Seit dem 3. Oktober 1990 kann das Grundgesetz in seiner Präambel Deutschland nun als einen festumrissenen Staat definieren. Nichts ist mehr offen, die Grenzfragen sind geklärt, und dieser Staat wird – das ist der Charakter unserer Verfassung – bis zum Jüngsten Gericht als demokratisches, den Menschenrechten verpflichtetes und föderatives Gebilde existieren.

Grenzveränderungen im Innern hingegen sind gemäß Artikel 29 ausdrücklich möglich gemacht. *„Das Bundesgebiet"*, so lesen wir, *„kann neu gegliedert werden, um zu gewährleisten, daß die Länder nach Größe und Leistungsfähigkeit die ihnen obliegenden Aufgaben wirksam erfüllen können. Dabei sind die landsmannschaftliche Verbundenheit, die geschichtlichen und kulturellen Zusammenhänge, die wirtschaftlichen Zweckmäßigkeiten sowie die Erfordernisse der Raumordnung und der Landesplanung zu berücksichtigen."*

Man wird sich diese Sätze merken müssen, falls jemals der „Nordstaat" das Licht der Welt erblicken sollte, ein Kunstgebilde, das vielleicht oder beispielsweise Schleswig-Holstein, Mecklenburg-Vorpommern und Hamburg umfassen könnte.

Innere Grenzen sind also politische und damit disponible Grenzen. Sie sind Entscheidungs- und Verwaltungsgrenzen, auch wenn sie oft viel stärkere Traditionen zu begründen vermögen als die äußere nationale Grenze. Werden Ländergrenzen verschoben oder aufgehoben, dann schlägt meist die Stunde der Patrioten.

Nicht viel anders ist es mit Kreisgrenzen. Auch hier können die Wellen heimatlicher Gefühle hochschlagen, wie die Diskussionen um die schleswig-holsteinischen Gebietsreformen der Jahre 1968-73 oder die Kreiseinteilungen in den neuen Bundesländern gezeigt haben. Wie sehr die Bürgerinnen und Bürger ihren Kreis lieben oder sich an ihre Kreisstadt gewöhnt haben, merkt man oft erst dann, wenn von oben und damit außer der Besitzstand einer kommunalen Gebietskörperschaft angetastet werden soll.

Sollte es morgen dem Kreis Stormarn an den Kragen gehen, würden sicherlich auch jene Kreisbewohner heftig protestieren, für die Stormarn bislang scheinbar nicht viel mehr als das bekannte „OD" gewesen ist, ein Autokennzeichen oder allenfalls der Sitz des Finanzamtes. Dann allerdings würde vielen mit einem Mal bewußt werden, daß Grenzen nicht nur etwas Trennendes, Abweisendes oder Ausschließendes an sich haben, sondern auch eine kommunale Gemeinschaft stiften und verbinden können.

Stormarns Grenzen sind zwar Hoheitsgrenzen, was bedeutsam klingt, aber sie sind ansonsten ebenso harmloser wie nützlicher Natur. Bei Grande an der Bille muß niemand mehr Zoll entrichten, man wird nicht durchsucht, macht sich nicht verdächtig, wird nicht zurückgewiesen und darf problemlos passieren. Aber dennoch betritt man, vom Lauenburgischen her kommend, ein historisch gewachsenes Kreisgebiet, ein Territorium, das Geschichte hat und nicht wenigen Menschen Identität vermittelt: historische, kulturelle, kommunalpolitische, heimatliche Identität.

Identität aber lebt von Kontinuität. Stormarn – das kann für die meisten Stormarnerinnen und Stormarner nur der Kreis sein, und der ist bekanntlich eine historisch recht junge Schöpfung. Er ist ein Produkt der preußischen Geschichte und ihrer modernen inneren Tradition.

Es war der Macht- und Militärstaat Friedrichs des Großen, des Freiherrn vom Stein und Otto von Bismarcks, eben jener Staat mit genauso autoritären wie liberalen Zügen, der sich Schleswig-Holstein 1866/67 einverleibte und 80 Jahre später, im Februar 1947, von den Siegermächten des Zweiten Weltkrieges allein wegen seiner macht- und militärpolitischen Vergangenheit von der europäisch-deutschen Landkarte getilgt wurde. Aber Preußen war auch der fortschrittliche Verwaltungs- und Rechtsstaat, der den Kreis Stormarn 1867 „machte" und damit eine kommunale Tradition begründete, die bis heute von Bedeutung ist.

Daß Stormarn heute so dasteht und es in seiner Substanz seit der Kreiskonstituierung eigentlich nicht mehr erfolgreich in Frage gestellt werden konnte, ist nicht selbstverständlich. Landkreise kamen und gingen in der neueren schleswig-holsteinischen Geschichte.

Die Kreise Apenrade, Hadersleben und Tondern, aber ebenso die Stadtkreise Altona und Wandsbek sind sang- und klanglos aus der Landesgeschichte abgetreten. Eiderstedt, Husum oder Oldenburg sind als eigenständige Gemeindeverbände nicht mehr vorhanden. Stormarn hingegen gibt es zusammen mit den Nachbarkreisen Segeberg oder Pinneberg nach wie vor als selbständige Gebietskörperschaft, auch wenn es spürbare und oft auch schmerzliche Veränderungen gegeben hat.

1901 schied Stormarns Kreisstadt Wandsbek aus dem Kreisverband aus. Etwas mehr als 10 qkm gingen verloren, so daß Stormarn noch rund 916 qkm ausmachte. Mit der Auskreisung Wandsbeks, das bis 1937 nun einen eigenen preußischen Stadtkreis bildete, war nicht nur ein empfindlicher Verlust an Bevölkerung und Steuereinnahmen verbunden, sondern auch der absonderliche Tatbestand, daß die Stormarner Kreisverwaltung bis 1937 im preußischen Nachbarkreis angesiedelt war, und zwischen 1937 und 1943 dann sogar im Nachbar-„Staat" (besser: Gau) Hamburg, gewissermaßen als preußisch-stormarnsche Exklave.

Bevor Wandsbek 1937 in Hamburg aufging, hatte es sich zehn Jahre vorher, mit Wirkung vom 1. Juli 1927, noch einmal auf Kosten Stormarns verbessern können. Mit Ausnahme kleinerer Gebietsteile, die nach Rahlstedt eingemeindet wurden, erhielt die Stadt die Landgemeinden Jenfeld und Tonndorf-Lohe.

Den größten Aderlaß brachte jedoch das Groß-Hamburg-Gesetz, das am

„Das Wappen Stormarns ist der wilde Schwan,/ der den gezackten Halsring trägt als Zier," sang einst der Dichter Detlev von Liliencron, den es ins stormarnsche Altrahlstedt verschlagen hatte. Doch Stormarns Schwäne machen auch ohne Halskrone ein gutes Bild.

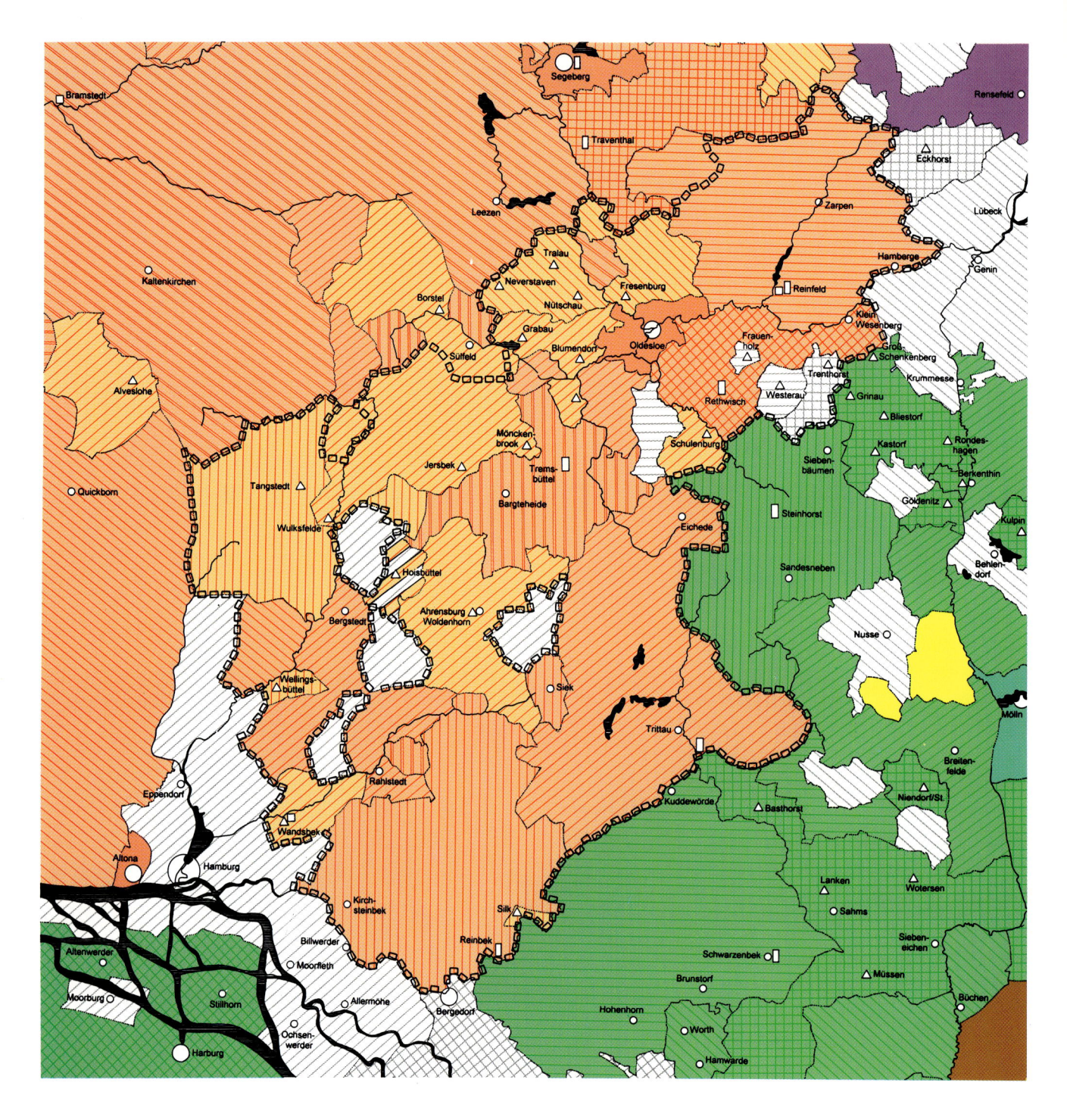

Der Stormarner Raum 1848

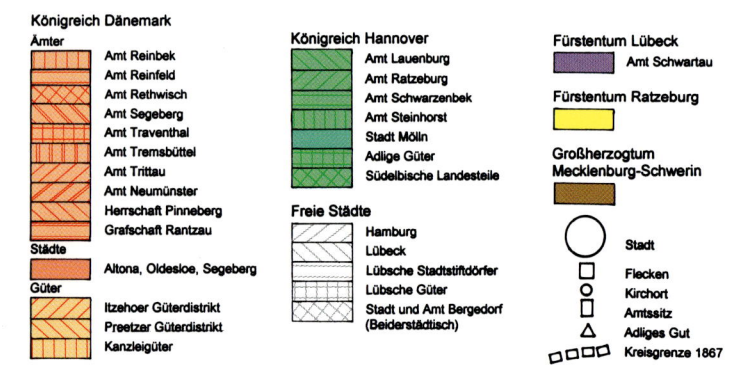

Königreich Dänemark

Ämter
- Amt Reinbek
- Amt Reinfeld
- Amt Rethwisch
- Amt Segeberg
- Amt Traventhal
- Amt Tremsbüttel
- Amt Trittau
- Amt Neumünster
- Herrschaft Pinneberg
- Grafschaft Rantzau

Städte
- Altona, Oldesloe, Segeberg

Güter
- Itzehoer Güterdistrikt
- Preetzer Güterdistrikt
- Kanzleigüter

Königreich Hannover
- Amt Lauenburg
- Amt Ratzeburg
- Amt Schwarzenbek
- Amt Steinhorst
- Stadt Mölln
- Adlige Güter
- Südelbische Landesteile

Freie Städte
- Hamburg
- Lübeck
- Lübsche Stadtstiftdörfer
- Lübsche Güter
- Stadt und Amt Bergedorf (Beiderstädtisch)

Fürstentum Lübeck
- Amt Schwartau

Fürstentum Ratzeburg

Großherzogtum Mecklenburg-Schwerin

- ○ Stadt
- ▭ Flecken
- ○ Kirchort
- ▫ Amtssitz
- △ Adliges Gut
- ▭▭▭▭ Kreisgrenze 1867

Buntscheckigkeit und Unübersichtlichkeit prägen um 1848, dem Jahr der schleswig-holsteinischen Erhebung gegen Dänemark und der deutschen Revolution, die politische Landkarte des Stormarner Raumes, aus dem knapp 20 Jahre später der preußische Landkreis entstehen wird.

1. April 1937 in Kraft trat. Stormarn hatte 12 Randgemeinden abzutreten und erhielt im Ausgleich das hamburgische Walddorf Großhansdorf-Schmalenbeck. Eine Generation später erfolgten weitere Auskreisungen. Auf der Grundlage des „Ersten Gesetzes einer Neuordnung von Gemeinde- und Kreisgrenzen sowie Gerichtsbezirken" vom 22. April 1969 gingen die beiden Stormarner Gemeinden Glashütte und Harksheide verloren. Zusammen mit den Pinneberger Gemeinden Friedrichsgabe und und Garstedt wurden sie zur Stadt Norderstedt zusammengefaßt.

Angefangen hatte Stormarn mit etwa 927 qkm. Nach der Jahrhundertwende waren es noch rund 916, nach dem Groß-Hamburg-Gesetz noch um die 791, und heute sind es etwas mehr als 766 qkm. Substantiell haben diese territorialen Einbußen wie gesagt wenig bewirkt. Der Kreis hat seit seiner Gründung zu einer eindrucksvollen Entwicklungsdynamik geneigt, denn die mit den Gebietsverlusten verbundenen Bevölkerungseinbußen wurden stets schnell kompensiert.

Als die Preußen kamen, um dann zu bleiben, lebten etwa 62.000 Menschen in Stormarn. Als Preußen von den Alliierten im Februar 1947 aufgelöst wurde und Schleswig-Holstein als Land bereits bestand, waren es rund 144.000 Kreisbewohner. Heute sind es ungeachtet aller territorialen Verluste mehr als 200.000.

Was steckt hinter diesen Zahlen und dieser Entwicklung? Zunächst ist sicherlich festzuhalten, daß die Kreisbildung 1867 alles in allem ein großer Wurf war. Mit sehr viel Einfühlungsvermögen gelang es der preußischen Monarchie, aus ihrer neuerworbenen Provinz Schleswig-Holstein lebensfähige und funktionstüchtige Landkreise herauszuschneiden.

Stormarns Glück oder Schicksal war es aber auch, daß es sich in der Umgebung recht traditionsreicher Nachbarn einrichten mußte. Im Süden und Südwesten lag „kommunales Ausland", nämlich Hamburg, der Nachbarstaat zu Preußen. Grenzveränderungen waren hier bis zur Errichtung der deutschen Diktatur von 1933 undenkbar.

Im Osten lag „Lauenburg", das seit 1865 mit Preußen in Personalunion verbunden war und erst 1876 als Kreis mit Schleswig-Holstein fusionierte. Lauenburg war – und das galt letztlich auch für den Stormarner Nachbarn Lübeck – ein zutiefst historisches Gebilde, das sich seine Eigenständigkeit stets zu wahren wußte. Von hier drohten kaum territoriale Ansprüche, eher aus dem Segeberger Raum. Dort war die Grenze 1867 unscharf gezogen worden. Dörfer des alten Amtes Trittau waren dem Nachbarkreis im Norden zugeschlagen worden.

Der Kreis Stormarn war im Jahre 1 preußischer Zeitrechnung also eine runde kommunale Sache. Nicht ohne geschichtliches Fingerspitzengefühl hatte Preußen ein Verwaltungsgebilde geformt, das den Holsteinern zuvor allerdings völlig unbekannt und hierzulande ohne jede Tradition gewesen war. Der Landkreis mit dem Landrat als oberstem Verwaltungsbeamten, der Kreistag als höchstes Selbstverwaltungsorgan – all das hatten die preußischen „Ossis" bei der großen „Wende" des Jahres 1867 mit ins Land gebracht. Und eben das waren Errungenschaften Preußens und seiner eindrucksvollen Verwaltungsgeschichte. Aber dennoch fiel es unseren Vorfahren bekanntlich sehr schwer, all diese Neuerungen zu akzeptieren und zu verinnerlichen.

1867 erfolgte der Startschuß für die moderne Kommunalpolitik in Schleswig-Holstein und damit auch in Stormarn. Aus Dörfern wurden Gemeinden im kommunalrechtlichen Sinne. Wo es zuvor allenfalls bescheidene

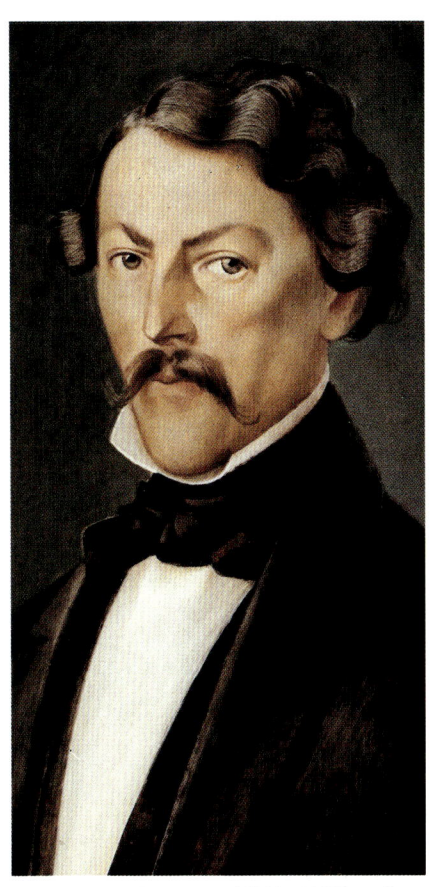

Wilhelm von Levetzau (1820–1888) – Stormarns erster Landrat von 1867 bis 1880. Er war wie viele seiner Nachfolger im Kreis durchweg beliebt, wurde bei einigen anfangs jedoch als „Wendehals" angesehen. Denn Levetzau war unter dem dänischen König noch Amtmann in Reinbek gewesen, und seine Wandlung zum Preußen erfolgte 1866/67 recht reibungslos. Am Ende hat er sogar darum, seine Landratsuniform auch im Ruhestand tragen zu dürfen.

Ansätze einer kommunalen Selbstverwaltung gegeben hatte, tagten jetzt Gemeindeversammlungen oder Gemeindevertretungen. Kreistagswahlen fanden statt. Zwar waren es noch keine demokratischen, aber ein Anfang im Sinne eines fortschrittlichen Kommunalverfassungsrechts war gemacht.

Was jedoch hatten die Preußen vorgefunden? Es war vor allem ein Land mit einer verwirrenden Buntscheckigkeit an Verwaltung, Rechtsgrundlagen und politischen Zuständigkeiten. Aber dieses Schleswig-Holstein, das nun für knappe 80 Jahre preußisch werden

"Der Kreisausschuß ist oberste Dienstbehörde," heißt es in Paragraph 43 der Kreisordnung. Er leitet die *"Verwaltung des Kreises nach den Grundsätzen und Richtlinien des Kreistags"*, bereitet dessen Beschlüsse vor und führt diese aus. Der Kreisausschuß ist ein typisches Erbe des preußischen Kommunalrechts. Eingeführt wurde er in der Provinz Schleswig-Holstein im Dreikaiserjahr 1888. Zu sehen sind Kreispräsident und Kreisausschuß aus dem Jahr 1960. (Von links n. rechts) Helmuth Steinbock, Friedel Ahrens, Hermann Bössow, Hans Ekstrand, Kreispräsident Friedrich Hardt, Landrat Wennemar Haarmann, Konrad Meyer, Bernhard Gündel, Kurt Siewert und Rudolf Schildmann.

sollte, hatte durchaus eine reichhaltige Geschichte aufzubieten. Daß Preußen mit der einen und anderen Tradition brechen mußte, ergab sich deshalb zwangsläufig.

Blättern wir nur einmal um ganze 1.000 Jahre zurück und richten den Blick allein auf das, was die Preußen mit Rücksicht auf geschichtlich Gewachsenes „Kreis Stormarn" tauften.

Zugegeben, es ist nur sehr dürftig, was wir über die Verhältnisse im alten Gau Stormarn wissen. An der Spitze der Gesellschaft stand der Overbode, dessen Amt erblich war. Alle bekannten Overboden entstammten einer einzigen Familie, die sich bezeichnenderweise „von Stormarn" nannte – nomen est omen!

Der Overbode besaß im wahrsten Sinne des Begriffs eine Allzuständigkeit. Er sorgte für die Einhaltung von Recht und Gesetz, kommandierte die Krieger im Falle militärischer Auseinandersetzungen und kontrollierte die inneren Angelegenheiten seines Herrschaftsbereichs. Vor allem aber trat er als Integrationsfigur des ganzen Gaues auf, was auch kultische Handlungen einbezog.

Diese Machtfülle kollidierte bald mit rivalisierenden oder übergeordneten Machtträgern, also den gräflichen Statthaltern der sächsischen Herzöge. Ihnen gelang es, die in alten Traditionen begründete Stellung der Overboden zu beschneiden. So erscheinen diese Mitte des 13. Jahrhunderts nur noch als angesehene Männer innerhalb der einheimischen Ritterschaft.

Zu Zeiten der Overboden muß es im Stormarngau recht hemdsärmelig zugegangen sein. Zahlenmäßig groß war die Bevölkerung damals vor knapp 1.000 Jahren schließlich nicht. Man kannte sich und wußte stets, wen man vor sich hatte. „Oben" – das war die Familie des Overboden, und zwar mit allen angeheirateten Nichten und Neffen, Basen und Vettern. Das Mittelalter war die klassische Zeit der Vetternwirtschaft.

„Unten" – das hingegen waren die Bauern, persönlich frei und berechtigt, sich zu verteidigen. Aufgrund der unsicheren Verhältnisse an der stormarnschen Ostgrenze war das auch gar nicht anders möglich. Größere soziale Konflikte scheint es zwischen dem Uradel und seinen bäuerlichen Hintersassen nicht gegeben zu haben.

Mit der Einsetzung Adolfs I. zum Grafen in Hamburg um 1111 begannen sich die Verhältnisse im Stormarngau allmählich zu ändern. Der von der Schauenburg im Weserbergland stammende Graf und sein gleichnamiger Sohn und Enkel bauten systematisch eine auf ihre Familie zugeschnittene Herrschaft aus. Sie errichteten Burgen, bildeten Vogteien, erhoben Abgaben und verlangten von den einheimischen Adligen Heeresfolge und von den Bauern Dienstleistungen.

Da ihnen mit der Eroberung des bisherigen Slawenlandes in Wagrien ein erhebliches Machtpotential zugefallen war, traten sie mit immer größeren Forderungen auf. Dem Holstenadel platzte schließlich der Kragen, während sich die Stormarner vorsichtig zurückhielten – aus gutem Grund, denn die Schauenburger hatten ihre stärkste Burg schließlich in Hamburg, das heißt: mitten in Stormarn. Die Holsten aber verbündeten sich mit den Dänen und jagten 1201 Graf Adolf III. außer Landes, zurück auf die heimatliche Schauenburg.

Doch wie so oft wurde nun zwar manches anders, aber nicht unbedingt besser und schon gar nicht so, wie sich das die adligen Familien vorgestellt hatten. Natürlich waren sie vornehmlich auf die Wahrung ihrer alten Rechte bedacht. König Waldemar II. von Dänemark war so klug, seinen aus Thüringen stammenden Neffen Albrecht von Orlamünde als Statthalter einzusetzen.

Die alte Grafschaft Holstein-Stormarn wurde mit der Grafschaft Ratzeburg zur neuen Grafschaft Nordelbien zusammengelegt. Albrecht bewies Initiative und besiedelte innerhalb weniger Jahre fast den gesamten Grenzbereich zwischen Stormarn und Lauenburg. Auf diese Weise sollten die traditionellen Siedlungsgebiete Stormarn und Lauenburg-Ratzeburg, das vormalige slawische Polabenland, enger zusammenwachsen. Nur der erst später so genannte Sachsenwald blieb von diesen Aktivitäten verschont.

oben: Ein Mittel gegen Politikverdrossenheit? Demokratie und Kommunalpolitik in Stormarns kleinster Gemeinde. Hier in Hohenfelde scheint die griechische Antike, die attische Polis, das Vorbild zu sein. One man, one vote – heißt die Devise. Aber natürlich gehören inzwischen auch die Frauen zu den 45 Stimmberechtigten der Gemeindeversammlung, die das Grundgesetz in Artikel 28 kleineren Kommunen ausdrücklich zugesteht. In Schleswig-Holstein gibt es 27 Gemeinden, die unter 70 Einwohner zählen und deshalb die Gemeindeversammlung praktizieren müssen. Diese Urform der Demokratie war im 19. Jahrhundert in Stormarns Dörfern sehr häufig anzutreffen. Doch leider waren die Zusammenkünfte notorisch schlecht besucht, so daß die preußische Regierung der Gemeindevertretung auch deshalb bald den Vorzug gab.

links: Ein kommunalpolitischer „Oldtimer" leitet die Gemeindeversammlung: Seit 1948 ist Ulrich Meyer Bürgermeister von Hohenfelde. Und wie überall im Amt Trittau wird auch hier der Europagedanke besonders hochgehalten (Beteiligung bei der Europawahl 1994: 93,5 %!). Die kleine Gemeinde am Rande der Hahnheide war die erste in Schleswig-Holstein, die sich dem „Rat der Gemeinden Europas" anschloß. Das war im März 1954, gut ein halbes Jahr, bevor Adenauer die Pariser Verträge unterzeichnete, die die Bundesrepublik zu einem souveränen Partner im Kreis der westeuropäischen Mächte werden ließen.

Zwei Löwen vor dem alten Reinfelder Amtsgericht. Als König der Tiere war der Löwe stets Symbol der Herrschenden. Nachdem das Zisterzienserkloster Reinfeld im 16. Jahrhundert an den Landesherrn gefallen war, wurde der Ort fürstliche Residenz. Im 1604 vollendeten Reinfelder Schloß residierte bis zu ihrem Aussterben (1761) eine Nebenlinie der Schleswig-Holsteiner Herzöge. 1772 wurde das Schloß abgebrochen. Die verschlafenen Löwen bewachen heute das Reinfelder Heimatmuseum, in dem man nicht nur etwas über Matthias Claudius erfährt, sondern Kloster und Schloß auch im Modell bewundert werden können.

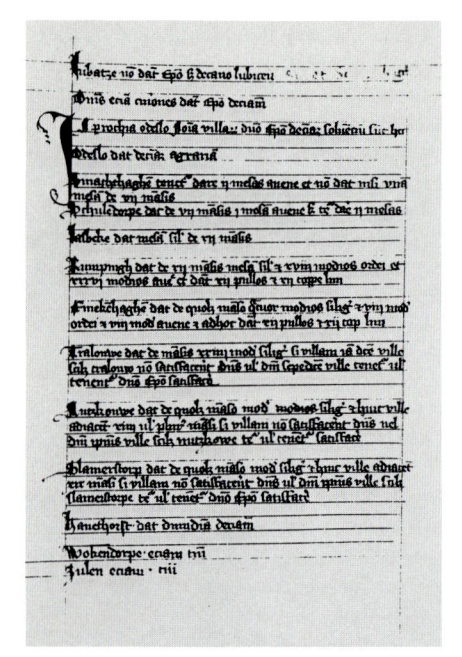

Das Lübecker Zehntregister. Bevor Bischof Johann Schele 1433 zur Teilnahme am Konstanzer Konzil abreiste, regelte er die Besitzverhältnisse in seiner Diözese. Das damals auf kostbarem Pergament verzeichnete Zehntregister gilt heute als wichtige historische Quelle und vermittelt eine Vorstellung von der kirchlichen Administration dieser Zeit. Auf Folio 111v findet sich das Verzeichnis der Dörfer im Kirchspiel Oldesloe.

Gut zwanzig Jahre lang konnte sich die dänische Hegemonie behaupten. Dann erschien 1225 der Sohn des vertriebenen Schauenburgers, Graf Adolf IV., auf der politischen Bühne. Zwei Jahre später errang er bei Bornhöved den entscheidenden Sieg über den dänischen König.

Bis 1460 bestimmten die Schauenburger Grafen die Geschicke Stormarns und Holsteins. Das Land wurde in Vogteien unterteilt. Auf den Burgen Wohldorf, Arnesvelde und Oldesloe saßen gräfliche Vögte. Graf Johann III. von Plön straffte um 1326 seine Administration und schuf die neue Vogtei Trittau, die fast das gesamte heutige Kreisgebiet umfaßte. Damit war eine Entwicklung eingeleitet, die erst mit der Einführung der preußischen Kommunalverfassung 1867 eine Wende erfahren sollte. Denn noch prägte die vielzitierte Buntscheckigkeit die stormarnsche Landkarte. Neben den Ämtern, der Weiterentwicklung der Vogteien – zwischen 1544 und 1773 gab es königlich-dänische und herzoglich-gottorfische Ämter – existierten die adligen Güter und die verschiedenen kirchlichen und städtischen Besitzungen.

1773 schließlich waren die gottorfischen Ämter an den König gefallen. Stormarn – das waren bis 1867 in den Augen unserer Vorfahren vorrangig die drei Ämter Reinbek, Trittau und Tremsbüttel. Diese drei Verwaltungseinheiten bildeten den territorialen Kern des späteren preußischen Landkreises. Daneben gab es Kirchspiele, denen der Kirchspielvogt vorstand und die aus den einzelnen Dorfschaften bestanden, in denen der Bauervogt die kommunale Obrigkeit verkörperte.

Aber auch unter preußischer Herrschaft gab es noch keine völlige Einheitlichkeit. Während es in anderen preußischen Provinzen Ämter gab, ließ der neue Landesherr die Kirchspiele bis 1888 als Verwaltungseinheiten bestehen. Der Grund: die Preußen waren gar nicht so rigoros zentralistisch und die Holsteiner allzu sehr mit dieser Tradition verwachsen. Also wurden ihnen erst ab 1888 die Ämter, wie wir sie heute prinzipiell noch kennen, zugemutet.

Doch immer noch wurde unterschieden zwischen amtsangehörigen Gemeinden und adligen Gütern, wo allein die Gutsherren die kommunale Obrigkeit verkörperten. Die 27 Stormarner Gutsbezirke waren de facto, was sie seit altersher gewesen waren: kleine Staaten im Staate. Kommunale Selbstverwaltung fand hier nicht statt. Und ist es nicht bezeichnend für die deutsche Geschichte, daß dieser Anachronismus erst 1927/28 – zehn Jahre nach der „Wende" und Revolution von 1918/19 – im sozialdemokratisch regierten Preußen abgeschafft wurde?

Arnesvelde – man sieht die Burg vor lauter Bäumen nicht. Wer sich auf die Suche nach Stormarner Burganlagen begibt, muß sich vom Bild romantischer Festungen lösen. Nur Erdwälle zeugen heute noch von den fortifikatorischen Leistungen des Mittelalters. Im 13. und frühen 14. Jahrhundert bildete Arnesvelde im Ahrensburger Forst Hagen einen der Eckpfeiler gräflicher Macht in Stormarn. Zeitweise war es heiß umkämpft, wurde aber schließlich zugunsten der neuerbauten Burg Trittau aufgegeben.

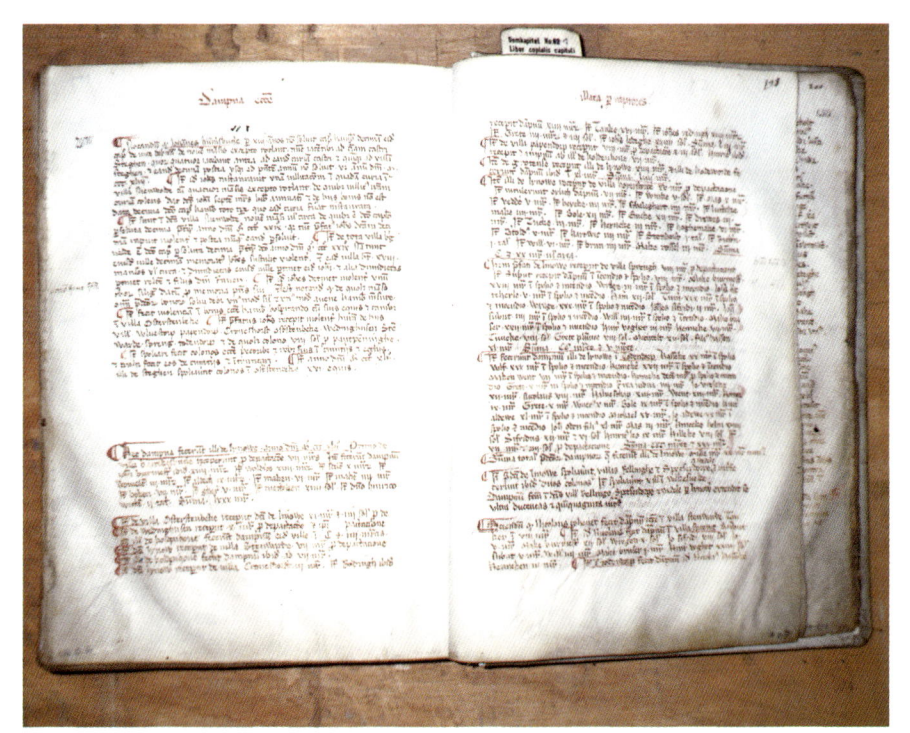

Wenn zwei sich streiten, freut sich später der Historiker. Besondere Akribie bei seinen Prozessen legte 1342/43 das Hamburger Domkapitel an den Tag, das oft im Streit mit dem Hamburger Rat lag. Dorf für Dorf und Bauernstelle für Bauernstelle listeten die Domherren die ihren Leuten zugefügten Schäden aus Plünderungen und Brandschatzungen auf. Die Hamburger Bürger, allen voran der Rat der Stadt, erlangten aufgrund ihrer Raubüberfälle traurige Berühmtheit.

oben: Torhaus des Gutes Jersbek. Die schleswig-holsteinischen Güter waren aus befestigten Adelssitzen hervorgegangen. Einen wehrhaften Graben besitzt Jersbek noch heute. Das Torhaus schloß die Gutsanlage nach außen ab und sollte dabei durchaus eine repräsentative Wirkung entfalten. Seit 1988 ziert das Torhaus das Wappen der Gemeinde Jersbek.

links: Keines des Güter im Kreis Stormarn hat wie Jersbek seinen herrschaftlichen Charakter zu bewahren vermocht. Der Barockgarten ist dabei ebenso anzuführen wie die Gutsanlage mit dem Verwalterhaus und den mehr als zweihundertjährigen Alleen. Im Garten sollen zur Zeit des Gutsherrn Bendix von Ahlefeldt (1679-1757) Opernaufführungen inszeniert worden sein. Und mit etwas Phantasie lassen sich noch heute die alten Kulissen erwandern...

rechts: Das 1893/95 erbaute „Schloß" Tremsbüttel läßt die historische Bedeutung dieses Ortes nicht mehr erahnen. Bereits 1302 gab es hier eine Burganlage der Familie von Wedel. Als Sitz der Verwaltung des Amtes Tremsbüttel, das sich zwischen 1475 und 1571 in lauenburgischem Besitz befand, war diese Gegend aus Stormarner Sicht „Ausland". Größter Glanzpunkt Tremsbüttels aber waren die Jahre 1777-1800, als hier kein geringerer als Goethes Freund Christian Graf zu Stolberg als Amtmann wirkte.

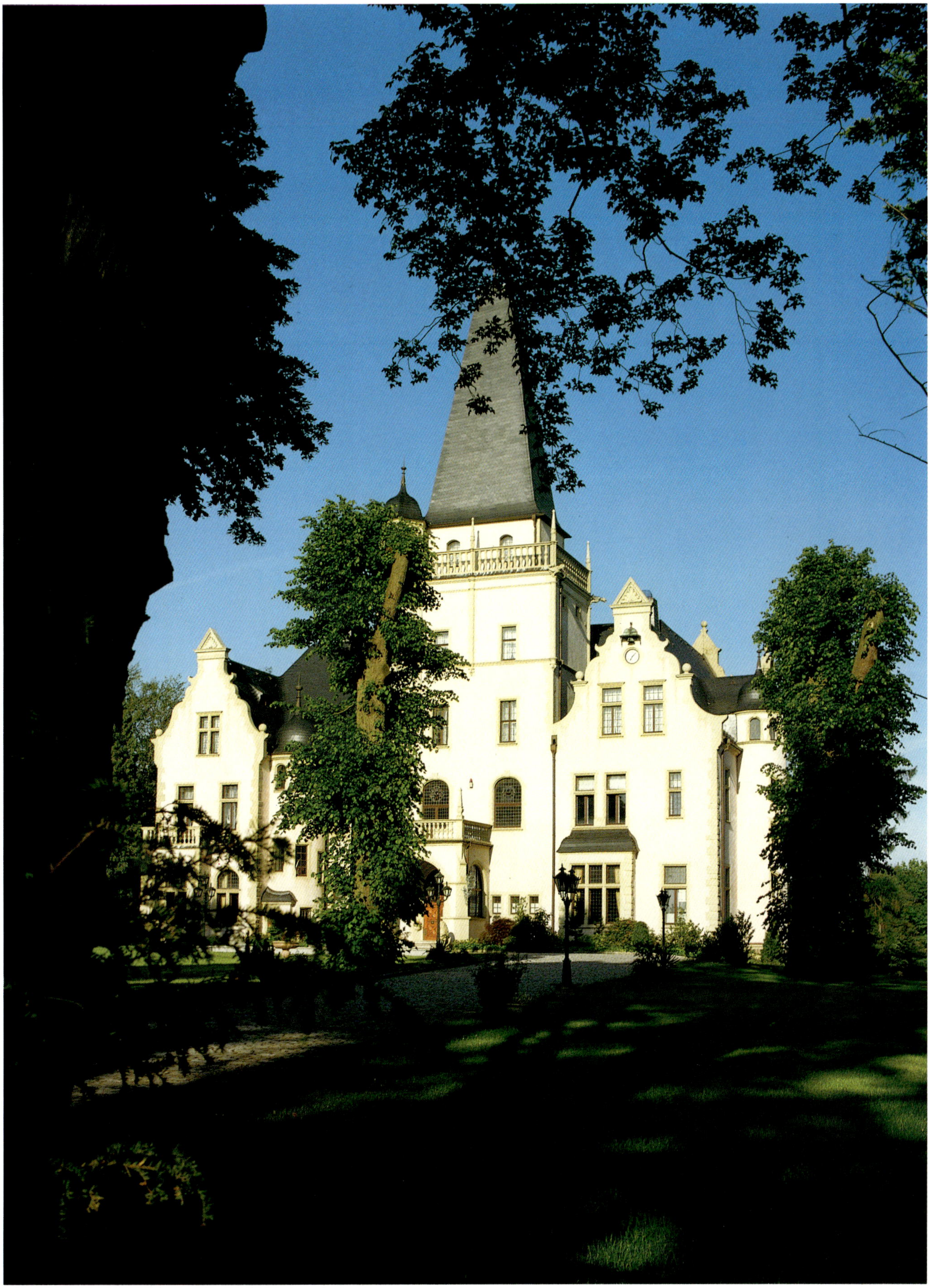

Wer sich auf der B 404 in nördlicher Richtung der B 75 nähert, sieht rechter Hand ein weißes Herrenhaus inmitten einer parkähnlichen Landschaft. Blumendorf heißt diese Perle, die zu einem Besuch einlädt. Im 18. Jahrhundert wurde es errichtet und bis in das 20. Jahrhundert hinein mehrfach verändert. Nach der Restaurierung in den 1980er Jahren erstrahlt es wieder im Glanz einer versunkenen Epoche.

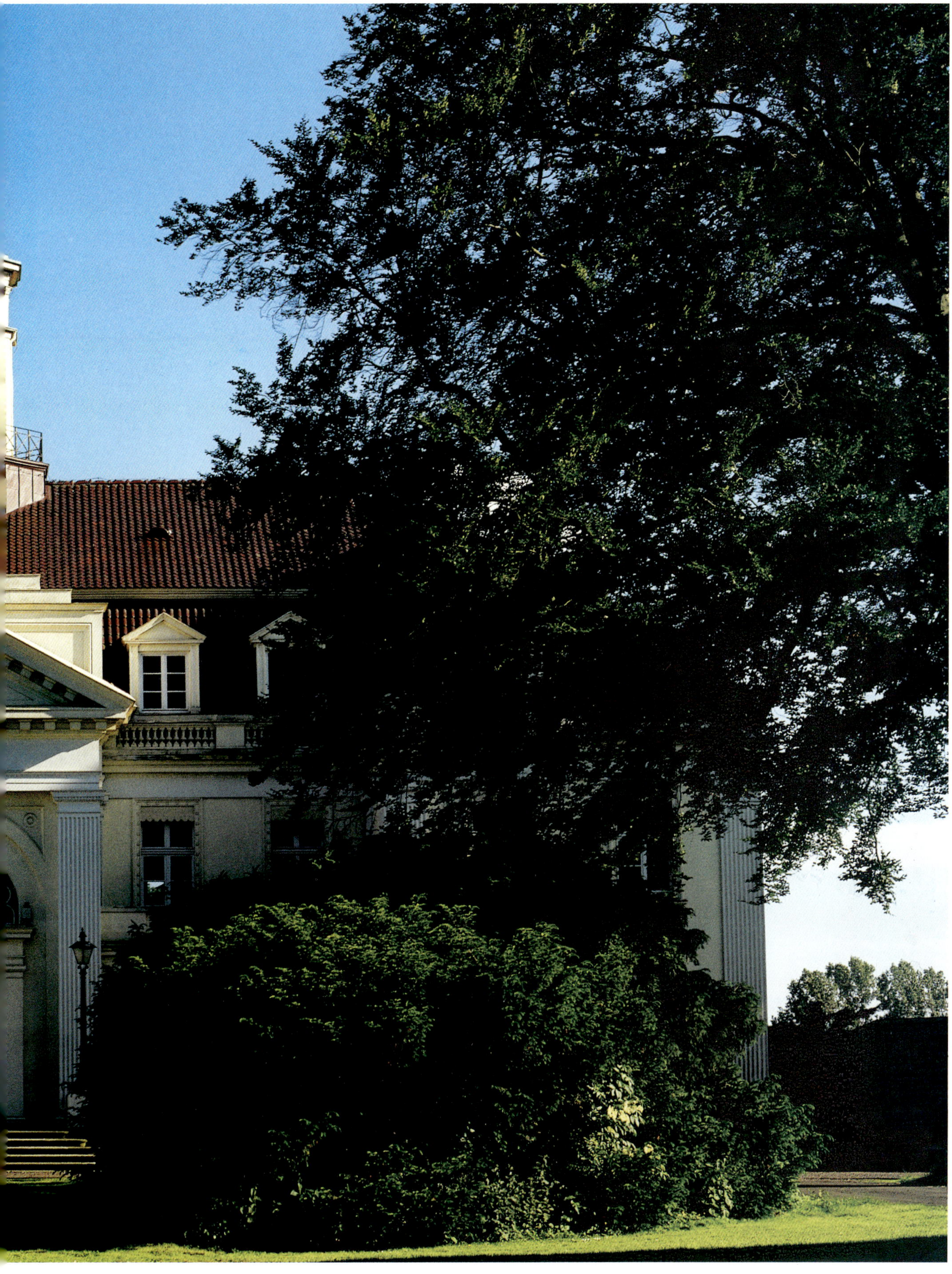

oben: Erst in preußischer Zeit entstand durch Zusammenkauf mehrerer Bauernhöfe das Gut Glinde. Der Bau des Herrenhauses erfolgte 1889 in einer Zeit, als sich die einheimische Landwirtschaft des obrigkeitlichen Schutzes erfreuen konnte. Zollgesetze ließen keine nennenswerte ausländische Konkurrenz zu. Das gehört längst der Vergangenheit an. In den 1970er Jahren entging das Gutshaus nur knapp dem Abriß. Heute liegt es im Schatten klotziger Wohnblocks.

rechts: Um 1433 soll es im Dorf Nütschau noch mehr als 14 Bauernstellen gegeben haben. Doch das Dorf wurde von der Familie Rantzau zu einer Gutsarbeitersiedlung degradiert. Um 1577 ließ Heinrich Rantzau, die bedeutendste Persönlichkeit der schleswig-holsteinischen Ritterschaft, das Herrenhaus errichten. Seit 1951 beherbergt es das nördlichste deutsche Benediktiner-Kloster.

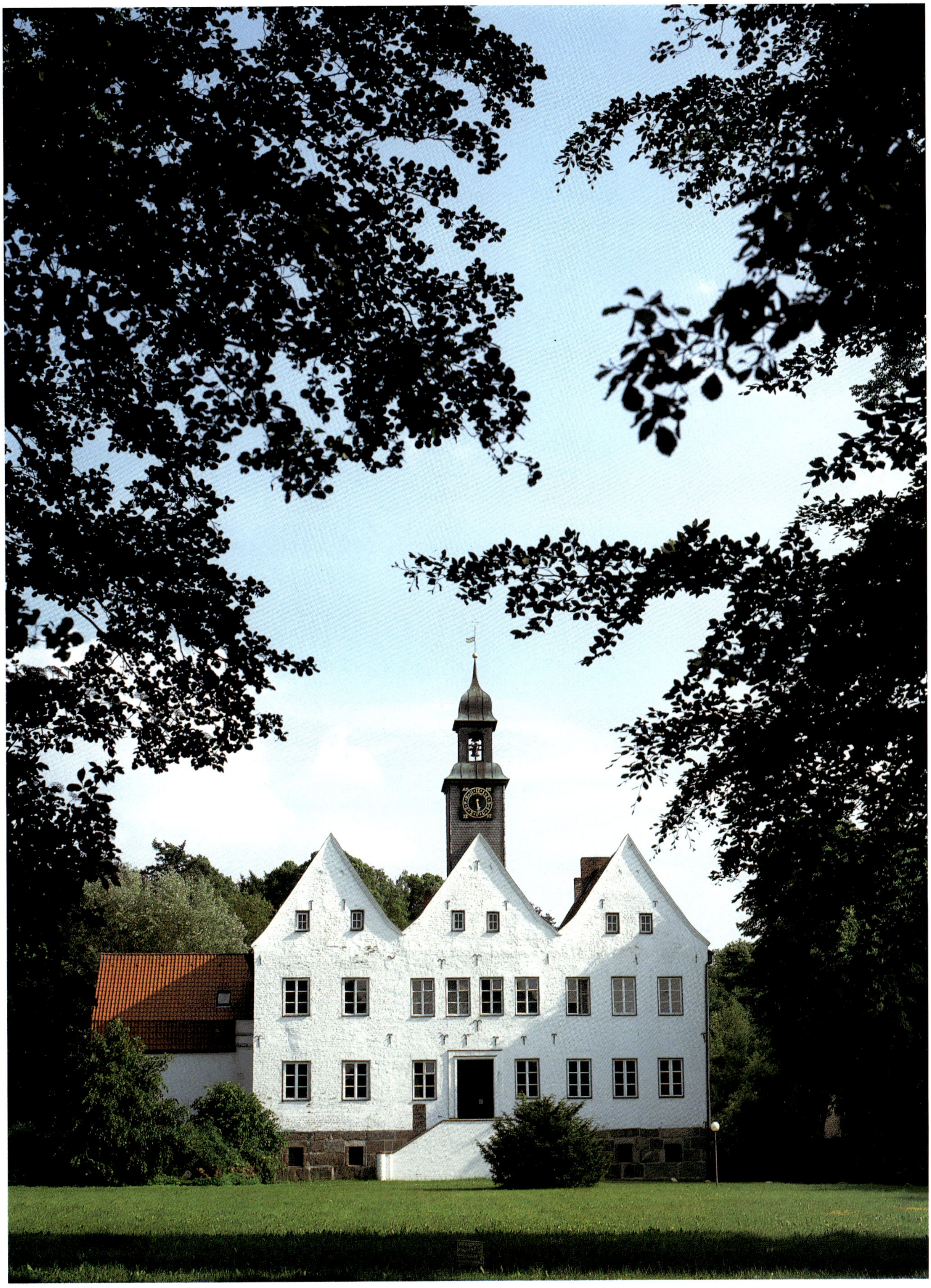

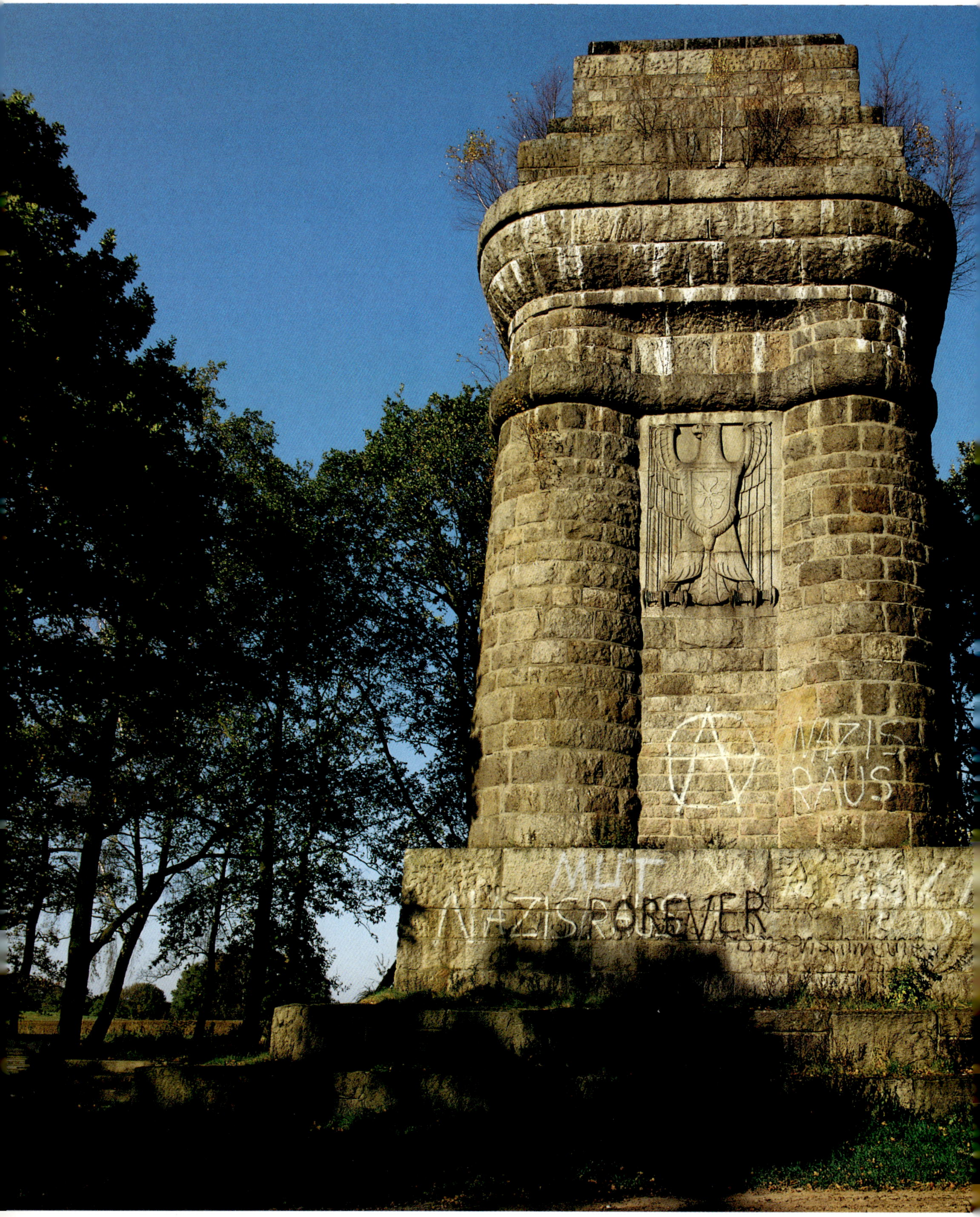

Wenn der Mantel der Geschichte...

1903 wurde diese Bismarcksäule bei Silk errichtet. Sie ist der Stormarner Beitrag zum nationalen Massenkult um den Altreichskanzler und durchaus eine architekturgeschichtliche Besonderheit. Ihr Schöpfer Wilhelm Kreis (1873-1955), der als Student Bismarck noch die Hand reichen durfte, entwarf mit diesem Modell „Götterdämmerung" einen Prototyp der steingewordenen Bismarckverehrung. Mindestens 47 Säulen dieser Art stehen in Deutschland.

Kreisblatt für Stormarn.
Amtliches Organ des Königlichen Landraths.

St. 37.   Wandsbek, 2. September.   1892.

590.
Choleragefahr.

Die Cholera steht von jeher in dem Rufe, eine besonders mörderische Seuche zu sein, deren Ansteckungsfähigkeit außerordentlich groß ist. Plötzlich überfällt sie den anscheinend noch Gesündesten und bietet häufig sehr wenig Aussicht auf Genesung.

Gleichwohl ist aber eine allgemeine, alle Thätigkeit lähmende Cholerafurcht, wie sie auch an vielen Orten des diesseitigen Kreises Platz gegriffen hat, heutigen Tages nicht mehr begründet, weil nicht nur die Aerzte in der Heilung, sondern auch die Behörden in ihren Maßnahmen zur Abwehr der Gefahr so bedeutend vorgeschritten sind, daß Verwüstung oder Untergang ganzer Ortschaften zu den

Wenn Hamburg in Not ist, bleiben die Stormarnerinnen und Stormarner davon nicht unberührt. Die beiden schweren Brandkatastrophen von 1842 und 1943 hielten das Umland ebenso in Atem wie die letzte große Cholera-Epidemie des Spätsommers 1892. Die Kommunalbehörden hatten alle Hände voll zu tun, um den Strom der Hilfesuchenden und den Verkehr mit der notleidenden Großstadt verantwortungsvoll zu regulieren.

Auch Häuser haben ihre Geschichte. Kreisleiter Erich Friedrich, „Führer" der Stormarner NSDAP, machte dieses Gebäude im Zentrum Bad Oldesloes zum „Adolf-Hitler-Haus" und damit zu seiner Residenz im Kreis. Der Landrat hingegen saß nach wie vor im fernen Wandsbek, was zu einem machtpolitischen Dualismus zwischen Partei und Kommunalverwaltung führte.

Wie man sich ein Stück Weltgeschichte in die kommunalen Niederungen holt, demonstrierten die Stormarner am 10. März 1892, als Bismarck feierlich in ihren Kreistag einzog. Haben wir jemals einen prominenteren Abgeordneten gehabt? Wohl kaum.

Nein, es war ein großer Tag für unsere Kreiskommunalvertretung, auch wenn sich der Fürst und Altreichskanzler in der Folgezeit so gut wie gar nicht im Wandsbeker Sitzungssaal blicken ließ.

Aber schließlich hatte er Besseres zu tun, mußte Memoiren schreiben und hat damit sicherlich weitaus Größeres hinterlassen. Nicht auszudenken, „Erinnerung und Gedanke" wäre nicht zustandegekommen, weil der Alte vom Sachsenwald sich allzu sehr um die Belange der Stormarner Kommunalpolitik gekümmert hätte. Sein Sohn Herbert hingegen, der keine Memoiren schrieb, sah dieses folglich anders und nahm öfter an den Sitzungen unseres Kreistages teil.

Bismarck – das ist in Stormarn und in Schleswig-Holstein ein Thema für sich. Der preußische Ministerpräsident sorgt 1863-1867 dafür, daß bei uns „Große Politik" gemacht wird. Die schleswig-holsteinische Frage, seit 1848 ein europäischer Konfliktstoff, eskaliert, als Dänemark 1863 das Herzogtum Schleswig auf kaltem Wege zu annektieren sucht.

Bismarck inszeniert daraufhin ein machtpolitisches Meisterwerk, läßt Österreich tatkräftig mithelfen, die Dänen aus dem Lande zu vertreiben, benutzt die besagte schleswig-holsteinische Frage zum deutsch-deutschen Krieg von 1866, um Preußen zur führenden Macht in Deutschland werden zu lassen und vergrößert den Staat seines Königs um Schleswig und Holstein, nachdem Lauenburg bereits 1865 preußisch geworden ist.

Die Stormarnerinnen und Stormarner, die das damals miterleben, haben also Geschichte erfahren. Daß sie „diesen Bismarck" dennoch ver-

Aufmarsch der NSDAP in Ahrensburg. Die NS-Bewegung in Stormarn hatte zwei organisatorische Standbeine: Im Februar 1927 wurde zunächst in Ahrensburg, wo die „Völkischen" schon Jahre zuvor von sich reden gemacht hatten, eine Ortsgruppe der Partei gegründet, wenige Monate später dann in Trittau. Und kurioserweise waren es zwei Postbeamte, also „Radikale im öffentlichen Dienst", die sich an die Spitze der braunen Bewegung stellten und bis 1933 mit ihrer Partei zahlreiche Kommunalparlamente eroberten.

fluchen, weil er ihnen den Wunsch nach Eigenstaatlichkeit aus den Händen geschlagen hat, vergessen sie nach 1871 bald, denn Verehrung liegt den Deutschen (zumindest zu dieser Zeit) mehr als politischer Groll und Unruhe. Also unterwirft man sich der Genialität des Reichsgründers, pflanzt Bismarckeichen, pilgert nach Friedrichsruh und baut in Silk einen trutzigen Bismarckturm.

Kommunalpolitik hat die meiste Zeit des Jahres mit dem Weltgeschehen recht wenig zu tun, jedenfalls auf den ersten Blick. Auch in der Kreistagssitzung vom 10. März 1892 geht es um durchweg profane Angelegenheiten, aber auch um den Bau einer Kleinbahn von Trittau nach Wandsbek, die spätere Südstormarnsche Kreisbahn immerhin.

Kommunalpolitik hat mit den schmucklosen Pflichtübungen des Alltagslebens zu tun. Sie kreist um das, was Fachleute „Daseinsvorsorge" nennen, also letztlich um Wasser und Entwässerung, Gas, Strom, Wege- und Straßenbau, Nahverkehr, aber auch F- und B-Pläne, Schulen, Soziales, leere Kassen und Schulden.

Doch sieht man genauer hin, studiert einmal eine Schulchronik des 19. Jahrhunderts, eine Sitzungsvorlage oder gar den umfangreichen Haushaltsplan des gegenwärtigen Kreistages, so erkennt man, daß sie im Grunde genommen nichts Geringeres widerspiegeln als den gigantischen globalen Modernisierungsprozeß der letzten 200 Jahre. Kommunalgeschichte ist deshalb in hohem Maße Sozial- und Wirtschaftsgeschichte oder besser: Gesellschaftsgeschichte.

Was in früheren Jahrhunderten allenfalls die Macht der Pest vermochte, gelingt in der Moderne fast allen wichtigen Entwicklungen. Der Elektrizität, dem Kunstdünger, der modernen Medizin, dem Auto, dem Telefon, den flächendeckenden Kommunikationsmitteln wie Radio und Fernsehen – ihnen entgeht praktisch niemand mehr.

Constantin Bock von Wülfingen (1885–1954) löste 1933 den demokratisch gewählten Landrat Friedrich Knutzen ab. Somit stand ein „strammer" Deutschnationaler an der Spitze der Stormarner Landratsverwaltung in Wandsbek, der Ende 1936 jedoch ganz plötzlich bei Hitler in Ungnade fiel, vor allem wohl deshalb, weil er in den Berliner Behörden nicht nur Freunde hatte. Doch das ist ein weites Feld und noch gründlicher zu erforschen.

Noch war Willy Brandt Bundeskanzler, als Hubert Priemel am 23. April 1974 einstimmig vom Kreistag zum „ersten Bürger" Stormarns gewählt wurde. Drei Wochen später kürte man im fernen Bonn Walter Scheel zum Bundespräsidenten, der dem Kreis Stormarn im Januar 1977 einen Besuch abstattete. Im Schloß Tremsbüttel gab sich dann die Bundes-, Landes- und Kommunalprominenz ein Stelldichein (Von links n. rechts): Ministerpräsident Gerhard Stoltenberg, Sozialminister Karl Eduard Claussen, Bundespräsident Walter Scheel, Landrat Hans-Henning Becker-Birck, Bürgermeister Theophil Bossel, Kreispräsident Hubert Priemel und Innenminister Rudolf Titzck.

Vergleichbares können allerdings auch die großen historischen Ereignisse unseres Jahrhunderts für sich in Anspruch nehmen. Als Wallenstein mit seinen Truppen durch Stormarn marschierte, haben die Klein Hansdorfer die Zufahrtswege einfach mit Buschwerk getarnt, so daß die Invasoren das Dorf übersahen. Als die britische Armee im Mai 1945 in Stormarn einrückte, entkam ihr kein Dorf mehr. Das 19., aber erst recht das 20. Jahrhundert haben es mit sich gebracht, daß kaum ein Mensch sich den großen Zeitströmungen und welthistorischen Begebenheiten zu entziehen vermag.

Es hat in Stormarn deshalb keine Gemeinde gegeben, in der die NSDAP nicht präsent war und in der die Menschen vom Mitmachen, Mitlaufen oder auch Verfolgtwerden verschont blieben. Eben darum mußte sich 1945 ja jeder die Frage stellen oder gefallen lassen, was er 12 Jahre lang getan hatte. Und es gibt wohl keine Gemeinde in Stormarn, in der nicht ein Kriegerdenkmal daran erinnert, daß Väter und Söhne in diesem Jahrhundert der Weltgeschichte und ihren Massenvernichtungskriegen einen schrecklichen Tribut zollen mußten.

Oder nehmen wir das Beispiel „Lager". Unser Jahrhundert ist zum Säkulum des Lagers geworden: das Kriegsgefangenen-, das Internierungs-, Flüchtlings-, Schulungs-, Zwangsarbeiter- und Konzentrationslager. Stormarn ist es erspart geblieben, zum Standort eines großen KZ's zu werden. Trotz der Nähe zu Hamburg gibt es auf dem Kreisgebiet kein Dachau und kein Sachsenhausen.

Aber natürlich fand auch bei uns Terror und Verfolgung statt, und Neuengamme wirkte sich aus. Es gab Außenstellen, Häftlinge, Arbeitseinsätze und Vernichtung durch Arbeit. Gibt es in den Gemeinden, die es angeht, in denen Häftlinge, Zwangs- oder Fremdarbeiter, Kriegsgefangene oder politisch Verfolgte lebten oder starben, Mahnmale, die auch daran erinnern?

Nicht anders verhält es sich mit den Flüchtlingswellen, die dieses Jahrhundert wie kein anderes charakterisieren. 1914/15 kommen Kinder aus Ostpreußen, in das russische Armeen eingefallen sind. 1923 treffen „Ruhrkinder" in Stormarn ein, weil die Franzosen das Ruhrgebiet besetzt haben und terrorisieren. Und Flüchtlinge und Vertriebene ziehen in großen Scharen mit dem Ende des Zweiten Weltkrieges über Stormarns Straßen.

Naturgemäß haben es globale Ereignisse wie die beiden Weltkriege an sich, daß die Menschen eines Landkreises wie Stormarn hautnah von den Auswirkungen in Atem gehalten werden. Hamburgs Katastrophe von 1943, der Bombenkrieg, der die Stadt in die Knie zwingt, ist auch in Stormarn unmittelbar mitzuvollziehen.

Der angrenzende Kreis nimmt unzählige Überlebende auf, und bis heute berichten Zeitzeugen von der riesenhaften Rauchsäule im Südosten, vom schwarzen Ruß, der alles bedeckte, und daß es an diesen schönen Sommertagen im Juli 1943 lange, lange nicht richtig hell wurde. Das hatte es bis dahin nur einmal gegeben, gute 100 Jahre zuvor, 1842, als der große Brand von Hamburg die ganze deutsche Nation erschütterte und auch in Stormarn eine Welle der Hilfsbereitschaft auslöste.

Die Menschen neigen dazu, solchen Katastrophen eine besondere Historizität zuzuschreiben. Wer will es ihnen verdenken, wenn Krieg, Zusammenbruch, Revolution, Krise und nochmals Krise, Diktatur, Krieg und kollektiver Untergang eine ganze Generation zutiefst prägten?

Gerade deshalb waren die Deutschen ja so beglückt, als ihnen die Geschichte zur Abwechslung einmal eine friedliche Revolution, die Wende der Jahre 1989/90, bescherte und ins Haus brachte, auf die Bildschirme oder vor die Haustür, wo Trabis herumkurvten und sich tränentreibende Szenen abspielten.

Kreisgeschichtsforschung steht nun vor der schwierigen Aufgabe, diese weltweiten oder zumindest nationalen Ereignisse und Prozesse auf die Dimension des eigenen Landkreises zu beziehen.

Walter Scheels Zeit war knapp bemessen, als er damals Stormarn besuchte. Eine halbe Stunde stand zur Verfügung, und die wollten unsere Kreispolitiker - wie sich heute alle noch schmunzelnd erinnern - dazu verwenden, um dem Bundespräsidenten den Ernst der Hamburger Randlage auseinanderzusetzen. Aber dazu kam es nicht, denn Bürgermeister Theophil Bossel, aktiver Landwirt in Tremsbüttel, und Walter Scheel vertieften sich unversehens in ein lebhaftes Gespräch. Thema: Wie kann man heutzutage mit 25 Kühen wirtschaften? Stormarns Randlagen-Problematik blieb unerörtert und ist bis heute nicht gelöst.

Was war hier genauso wie anderswo, was ist untypisch oder außergewöhnlich verlaufen, warum wurde hier anders gewählt als im Nachbarkreis oder im Land, warum sind wir von dieser oder jener Entwicklung stärker berührt als andere Kreise oder Regionen? – müssen die Fragen deshalb lauten.

Oder: Ist vielleicht sogar hier – in Stormarn – unmittelbar Geschichte „gemacht" worden? Nun, Klio hat die Angewohnheit, sich bestimmte Räume oder Orte zu suchen, wo sie kraftvoll aufspielen kann. Historische Ereignisse, nicht Prozesse, spielen sich oft schwerpunktmäßig an ganz bestimmten Schauplätzen ab. Stormarn ist in dieser Hinsicht zugegebenermaßen eher Randlage. Aber können seine Bürgerinnen und Bürger darüber nicht froh sein?

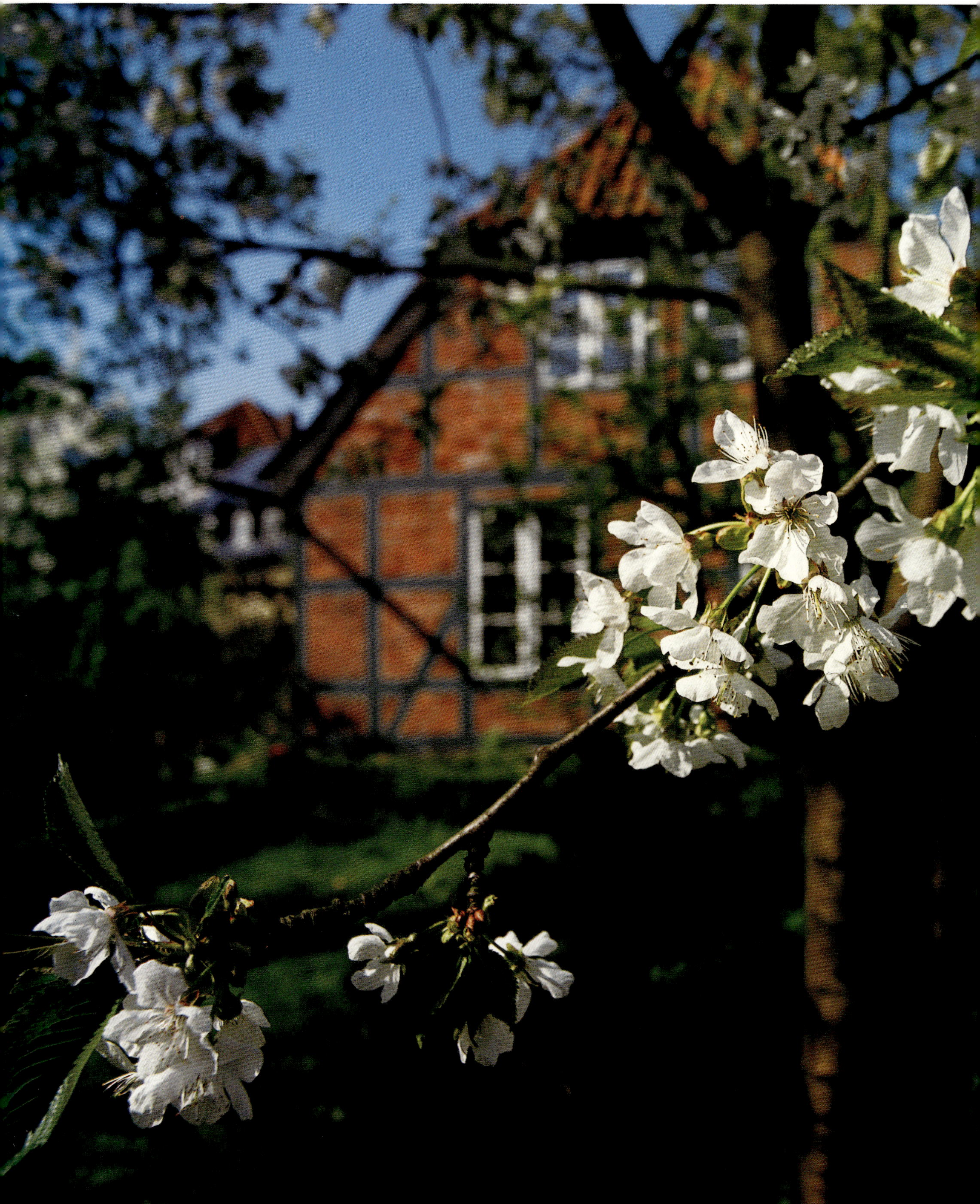

Landleben und Landkreis

Dörflich-ländliche Idylle – so der erste Eindruck. Doch wir sind am Traveufer mitten in Bad Oldesloe, der Kreisstadt mit ihren beschaulichen Winkeln...

Trenthorst gehörte zu den Lübischen Gütern, die Besitzungen Lübecker Bürger in Holstein und Lauenburg waren. Im 19. Jahrhundert entstand diese herrschaftliche Gutsanlage, in der heute das Institut für Tierzucht und Tierverhalten untergebracht ist.

Über Jahrhunderte hatten Stadt und Dorf sich kaum verändert. Erst der tiefgreifende Urbanisierungsprozeß des 19. Jahrhunderts unterwarf die Stadt einem rasanten Wandel. Mit einer gewissen zeitlichen Verzögerung wurde auch das Dorf hiervon erfaßt.

Stormarn, das im Kraftfeld zweier Großstädte liegt, hat diese Entwicklung ungleich stärker erfahren als andere Landkreise. Während viele unserer Dörfer oft bis zum Ende des Zweiten Weltkrieges im Windschatten der Moderne verharrten, waren naturgemäß von den demographischen, sozialen, ökonomischen, aber auch kulturellen Ausstrahlungen der Stadt zuerst jene Gemeinden betroffen, die „al-to-na", also sehr dicht an die Metropole, in erster Linie natürlich Hamburg, grenzten.

Aus Bauerndörfern wie Hinschenfelde, Poppenbüttel, Rahlstedt oder später auch Ahrensburg wurden Vorortgemeinden. Entweder waren es Arbeiterfamilien, die in Bramfeld, Steilshoop oder Schiffbek billigen Wohnraum suchten, oder es waren die wohlhabenderen Stadtbürger, die die lärmende, hektische oder auch unsaubere Metropole gegen ein Refugium auf dem Land vertauschen wollten.

Diese Art der „Überfremdung" erlebten seit Ende des vorigen Jahrhunderts vor allem Reinbek, Rahlstedt und Ahrensburg, wobei die günstige Verkehrsanbindung an Hamburg ein wesentlicher Faktor war.

An dieser Entwicklung hat sich bis heute nichts geändert. Im Gegenteil, die zunehmende Mobilität unserer Gesellschaft hat diesen Prozeß seit den 1950/60er Jahren erheblich beschleunigt.

Nach wie vor heißt die Devise: das Dorf hat Konjunktur. Die Werbeanzeigen findiger Immobilienmakler überbieten sich regelrecht mit ihrem Lockgesang: grün, ruhig, naturnah, idyllisch lauten die Angebote, denn Werbung benennt stets, was sich Käufer und Konsument wünschen. Das heißt im Umkehrschluß und verständlicherweise, daß zubetonierte, lärmerfüllte und beengte Wohnverhältnisse nicht gefragt sind. (Groß-)städtische Lebensweise läßt sich nur noch schwer verkaufen.

Aber welches Dorf meinen die Großstädter, auf die solche Anzeigen zielen? Haben sie vielleicht das typische stormarnsche Dorf der Vergangenheit vor Augen, wie es die Heimatschwärmer noch heute gern hochleben lassen? Sicherlich, gegenwärtig stellt das Dorf für viele einen idealen Wohnort dar, der angenehm und ruhig, sozial und ökologisch intakt sein soll. Ständig steigende Einwohnerzahlen in Witzhave, Grönwohld, Bargfeld, Bargteheide und in Stormarn insgesamt, immer neue Baulandausweisungen und viele schmucke Einfamilienhäuser, die heute dort stehen, wo gestern noch Kühe grasten, belegen diesen Trend zur Genüge.

Doch noch einmal: Was hat dieses Dorf eigentlich mit der Ortschaft zu tun, die unsere Großeltern oder sogar wir in unseren Kindertagen noch erlebten oder vielleicht auch erlitten?

In früheren Zeiten – wir müssen da nur gut eine Generation zurückdenken – haftete dem Dorf der muffige Geruch von Rückständigkeit und „plattem Land" an. Dieses Denken ging auf mittelalterliche Traditionen zurück. Der „Bauerntölpel" war nicht nur eine literarisch beliebte Figur, sondern entsprach jahrhundertelang dem Bild der Städter und Adligen vom Landmann.

Das Dorf war stets ein Lebensraum von Menschen, die von der Identität ihres Arbeits- und Wohnraumes geprägt waren. Bis in die jüngste Vergangenheit hinein erweist sich das Dorf als bäuerlicher Wirtschaftsbereich.

Und wo, bitte schön, gab es vor 30 oder 40 Jahren in Hoisdorf oder Lütjensee, in Eichede oder Barkhorst befestigte Wege, Kanalisation, zentrale Wasserversorgung, Müllabfuhr oder auch nur Hausnummern? Die Überlandzentrale des Kreises Stormarn, durch die eine flächendeckende Stromversorgung erreicht werden sollte, ging zwar schon seit 1913 ihrer nutzbringenden Tätigkeit nach, aber oft sollte es ein Vierteljahrhundert oder länger dauern, bis auch das letzte unserer Dörfer aus dem elektrolosen Dornröschenschlaf gerissen wurde.

Dorf und Bauer gehören also auch in Stormarn historisch zusammen. Akkerbau und Viehzucht prägten unseren ländlichen Raum. Wollen wir es genauer wissen, so gehen wir einmal bis ins 14. Jahrhundert zurück und fragen am besten einen der alten Landleute. Er heißt Hennekin Scherping. Wir schreiben das Jahr 1336. Eine Urkunde nennt lediglich seinen Namen. Über sein Leben wissen wir nichts. Doch wir stellen uns einmal vor, was Hennekin uns zu erzählen hätte.

Wie alt er ist, kann er nicht genau sagen. Umso besser ist seine Kenntnis des heimatlichen Kirchdorfes, in dem er lebt und sein täglich Brot erarbeitet. Hennekin wohnt – wie schon Vater und Großvater – in Bargteheide, das damals etwa 200 Einwohner hat. Aber Hennekin interessiert sich nicht für eine solche nichtssagende Zahlenangabe.

Für ihn hat das Dorf 18 Voll-, Dreiviertel- und Halbhufen. Das sind die großen und mittelgroßen Bauernstellen. Einer dieser Halbhufen steht er selbst vor. Dann gibt es noch etwa 18 Katen unterschiedlicher Größe, kleine Bauernstellen, deren Wirte zusätzlich ein Handwerk ausüben oder Handel betreiben. Fragen wir Hennekin nach dem bedeutendsten Bauwerk in Bargteheide, so zeigt er auf die aus Findlingen errichtete Kirche.

Bäuerliche Lebenswelt im Stormarnschen Dorfmuseum in Hoisdorf. Seit 1955 sammelte der Lehrer und Heimatkundler Adolf Christen systematisch alles, was an alten Gerätschaften ausgedient hatte und an Mobiliar aus der Mode gekommen war.

Alt und neu in Bargteheide ...

Fast ebenso bedeutsam ist für ihn der Adelssitz in Richtung Delingsdorf. Und was Bargteheide vor den Nachbardörfern auszeichnet, das sind die beiden Krugwirtschaften sowie die Mühle, die Schmiede, Zimmerleute, Schneider und Schuster, wie man sie in den angrenzenden Dörfern kaum findet.

Bargteheide liegt an der Landstraße zwischen Lübeck und Hamburg. Der zerfahrene, manchmal grundlose Weg, der nördlich am Dorfanger vorbeiführt, ist auch für Hennekin die Verbindung zur großen Welt. Auf dieser Straße ist ein Bruder seines Vaters nach Osten in die Fremde gezogen. Er selbst hat diese Straße in jungen Jahren zu einer Wallfahrt genutzt. Nie wird er müde, von diesem großen Abenteuer seines Lebens zu erzählen.

Hennekin, der nur gelegentlich bei der Erledigung von Fuhrdiensten nach Oldesloe gekommen ist und Lübeck oder Segeberg nur vom Hörensagen kennt, hat mit einer Gruppe Gleichaltriger seines Kirchspiels das Grab des Kirchenpatrons aufgesucht, des heiligen Martin von Tours. Ins ferne Frankreich führte ihre Reise. Von den 24 Pilgern sind nur 13 zurückgekehrt. Einige haben den Versuchungen der Fremde nicht widerstehen können, andere sind des ewigen Wanderns müde geworden, erkrankt oder gestorben.

Bei seiner Rückkehr fand er seinen Vater schwach und krank vor. Als Ältester hatte Hennekin die Halbhufe zu übernehmen. Er heiratete Gyssele, eine Tochter seines Nachbarn, des Dreiviertelhufners Hoppeke. Doch die Zeiten verschlechterten sich. Henne-

kin klagt über das widrige Wetter: lange Winter und in den Sommern entweder endlose Dürrezeiten oder sintflutartige Regenfälle. Oft kann er kaum die Einsaat ernten. Immer häufiger hält der Hunger Einzug ins Dorf. Seuchen sind keine Seltenheit und raffen die geschwächten Menschen dahin.

In guten Jahren hat Hennekin nicht zu klagen: die Äcker bringen reiche Ernte, gut das Vierfache der Einsaat. Wenn da nur nicht die Abgaben wären. Da fragen wir nach. Hennekin untersteht der Grund- und Gerichtsherrschaft des Grafen Johann III. von Plön. Seine Nachbarn sind Hintersassen der Adelsfamilien von Berchteheyle oder von Wedel. Mit diesen anderen gräflichen Bauern verbindet ihn am meisten.

Gemeinsam zahlen sie alljährlich zu Michaelis (29. September) dem Vogt als Vertreter des Grafen die schuldige Heuer. Für Hennekin sind das 25 Schillinge. Weitere 10 Schillinge hat er als Dienstgeld zu zahlen. Hinzu kommen ein Huhn und zwei Gänse und ein ganzes Schwein. Am Johannistag erhält der Graf ein Holzgeld. Aber auch den Bargteheider Pfarrherrn Heinrich hat Hennekin mit einem Scheffel Roggen und zwei Scheffel Hafer (insgesamt etwa 320 Liter Getreide) zu versorgen. Dieser Zehnt ist zu Martini fällig (11. November).

Für Hennekin Scherping und seine Nachbarn sind dies aber nicht nur Zahlungstermine, sondern auch Gelegenheiten zu geselligem Beisammensein. Stets hat der Empfänger die Bauern zu bewirten, und immer wird daraus ein feuchtfröhlicher Abend. Johannis ist der Namenstag unseres Gesprächspartners, und zu Martini ist dem Kirchenpatron Reverenz zu erweisen.

Von seinen Herren, dem Grafen, dessen Vogt und dem Priester, spricht Hennekin mit Respekt, doch ohne Freundlichkeit. Er nimmt sie hin wie Regen und Sonne, Sturm und Eis. Als Bauer weiß er, daß er sich seinem gottgegebenen Schicksal zu fügen hat, so wie seine Vorväter vor ihm oder seine Kinder nach ihm – vorausgesetzt, daß eines von ihnen überlebt.

Hennekin war einer jener „Bauerntölpel", die Städter und Herren ernährten. Aber entspricht sein Dorf mit den bescheidenen Häusern und Katen tatsächlich dem, was in späteren Jahrhunderten und oft heute noch als die alte Dorfidylle gepriesen wird?

Bleiben wir noch einen Augenblick in Bargteheide, aber gehen wir etwa 400 Jahre weiter, in die Zeit um 1720. Bauervogt Bendix Schacht hat sich bereit erklärt, uns durch das Dorf zu führen.

In den letzten Jahrzehnten ist Bargteheide stark gewachsen. Als Bauervogt,

Tatort Glinde: „Affenfelsen" heißen diese Wohnblocks im Volksmund, die das Erscheinungsbild der jungen Stadt bestimmen. Sie spiegeln zugleich eine kommunalpolitische und architektonische Mentalität wider, die wenig Rücksicht auf das traditionelle Ortsbild genommen hat.

Johann Eusebius Pezold erhielt 1769 vom „General-Land- und Ökonomie-Verbesserungs-Direktorium" des Großfürstentums Holstein-Gottorf den Auftrag, die Gemarkung des Kirchdorfes Bargteheide zu vermessen und zu kartieren. Das Ergebnis, eine exakte und künstlerisch ansprechende Karte, gibt einen Eindruck von der dörflichen Welt des 18. Jahrhunderts.

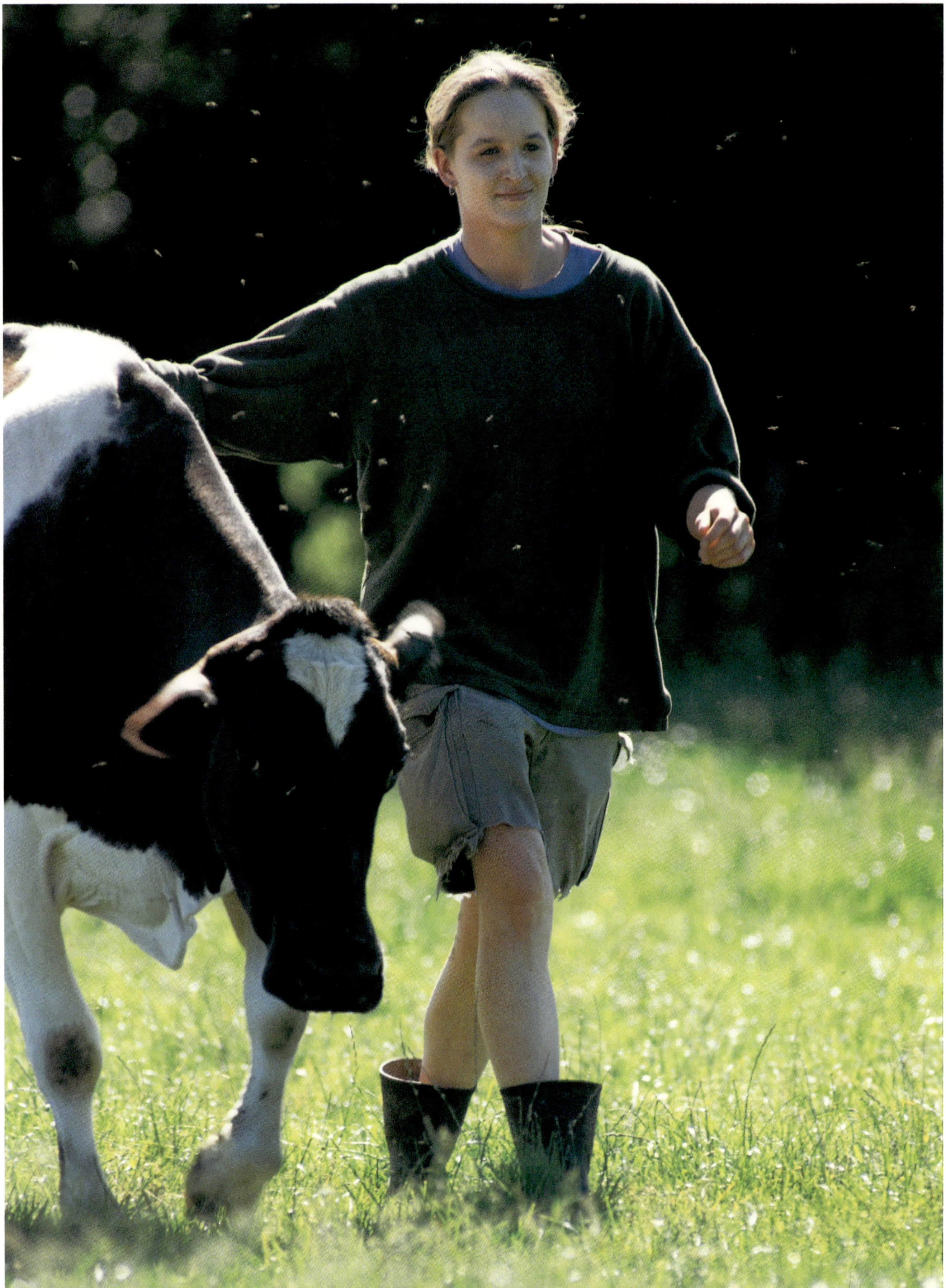

oben: Fohlen auf einem Hof in Sachsenwaldau.

links: Landwirtschaft als Lehrberuf. Eine junge Auszubildende führt auf dem Braaker Bauernhof der Familie Menzel eine Kuh zum abendlichen Melken.

der für die Herrschaft der Ansprechpartner im Dorf ist, hat er auch Zahlen parat: Insgesamt gibt es 43 Höfe, davon 12 Hufner, 7 Halbhufner, 9 Kätner und 13 Bödner. Ganz jung sind zwei kleine Stellen, die als Neukätner gelten. Längst ist der Raum um den Dorfanger zu eng geworden. Bargteheide platzt aus allen Nähten. Mehrere Höfe haben sich bereits an der Alten Landstraße angesiedelt.

Stolz zeigt er auf seine eigene Hofstelle. Ein Haus von 9 Fach, dazu Scheune und Altenteilskate. Heute erhebt sich dort das neue Bargteheider Wahrzeichen, das „Telekom-Minarett". 1723 wird Bendix' Hof zusammen mit fünf Nachbarhöfen einem Großbrand zum Opfer fallen.

Am Nordostrand des Dorfangers, dort wo jetzt Eigentumswohnungen entstehen, liegt die Hufe des Clauß Dabelstein. Bauervogt Bendix schüttelt den Kopf über den schlechten Zustand des Hofes. Das Dach steht teilweise offen und läßt dem Regen freien Eintritt. Balken und Giebel sind morsch und windschief. Ein Einzelfall ist das nicht. Einige Schritte weiter bietet das Haus des jungen Henrich Ahlers ein noch traurigeres Bild. Baufällig ist es.

Sauwohl, so erklärte dieses Freilandschwein unserem Fotografen, fühle es sich auf seinem Domizil in Stellau.

oben: Im Bargteheider Museum: Die moderne Küche vor 100 Jahren.

rechts: „Nach dem Verlust seiner bevölkerungsstarken Gebiete im Jahre 1937 als Folge des Groß-Hamburg-Gesetzes dominierte in der wirtschaftlichen Struktur des Kreises der landwirtschaftliche Sektor. Auch heute noch wird die Gesamtfläche des Kreises von 76.630 ha zu 66 % land- und forstwirtschaftlich genutzt. Während bei den Klein- und Mittelbetrieben bis zu 50 ha die Betriebszahl rückläufig ist, ergibt sich bei den größeren Betrieben über 50 ha eine Zunahme. Diese Entwicklung ist eine notwendige Voraussetzung für die Wettbewerbsfähigkeit der Landwirtschaft in der Europäischen Gemeinschaft." (Aus: Kreis Stormarn. Haushaltssatzung und Haushaltsplan 1994, S. 20).

In Bargteheide herrscht blanke Not. Insbesondere die kleinen Gewerbetreibenden nagen am Hungertuch. Der Tremsbüttler Amtsschreiber muß in seinem Register zahlreiche Steuerschuldner benennen. Beim Schneider Albinus Rüdiger lautet sein Kommentar: *„Hat nur geringe Nahrung und kann kaum das liebe Brodt verdienen."*

Soziologisch gesehen war das Dorf der Vergangenheit eine bäuerliche Zwangsgemeinschaft. Zu seiner Realität gehörte die enge Familiengemeinschaft, unter Einbindung mehrerer Generationen in die Hofgemeinschaft. Grundlage des Dorflebens war die Dorfgemeinschaft.

Nachbarschaftshilfe und kollektives Zusammenwirken waren lebensnotwendig, gleichgültig ob es um Wege- oder Wasserprobleme, Feuerbekämpfung, Feldbestellung oder Ernte ging. Dementsprechend wichtig für die Kultur des Dorfes waren kirchliche Feiertage oder familiäre Feste. Ebenso gehörten Rivalitäten zum Alltag, Raufereien und Ausgrenzungen. Und auch in Stormarn – vergessen wir das nicht – starben Frauen als angebliche Hexen auf dem Scheiterhaufen.

Diese geschlossene Dorfgemeinschaft, die alles andere als ein Idyll war, weil sie für den Außenseiter oder Individualisten keinen Platz kannte, weil sie beengend, beklemmend und geistig kaum innovativ sein konnte, – sie gibt es nicht mehr. Was wir heute vorfinden, sind deshalb auch weniger „Dörfer", sondern eher ländliche Siedlungen. Ob es hier zur Herausbildung einer Gemeinschaft oder lediglich zu nachbarschaftlichen Kontakten kommt, hängt von jedem einzelnen ab. Und wird es jemanden geben, der bedauert, daß es den Zwang zur Gemeinschaft nicht mehr gibt?

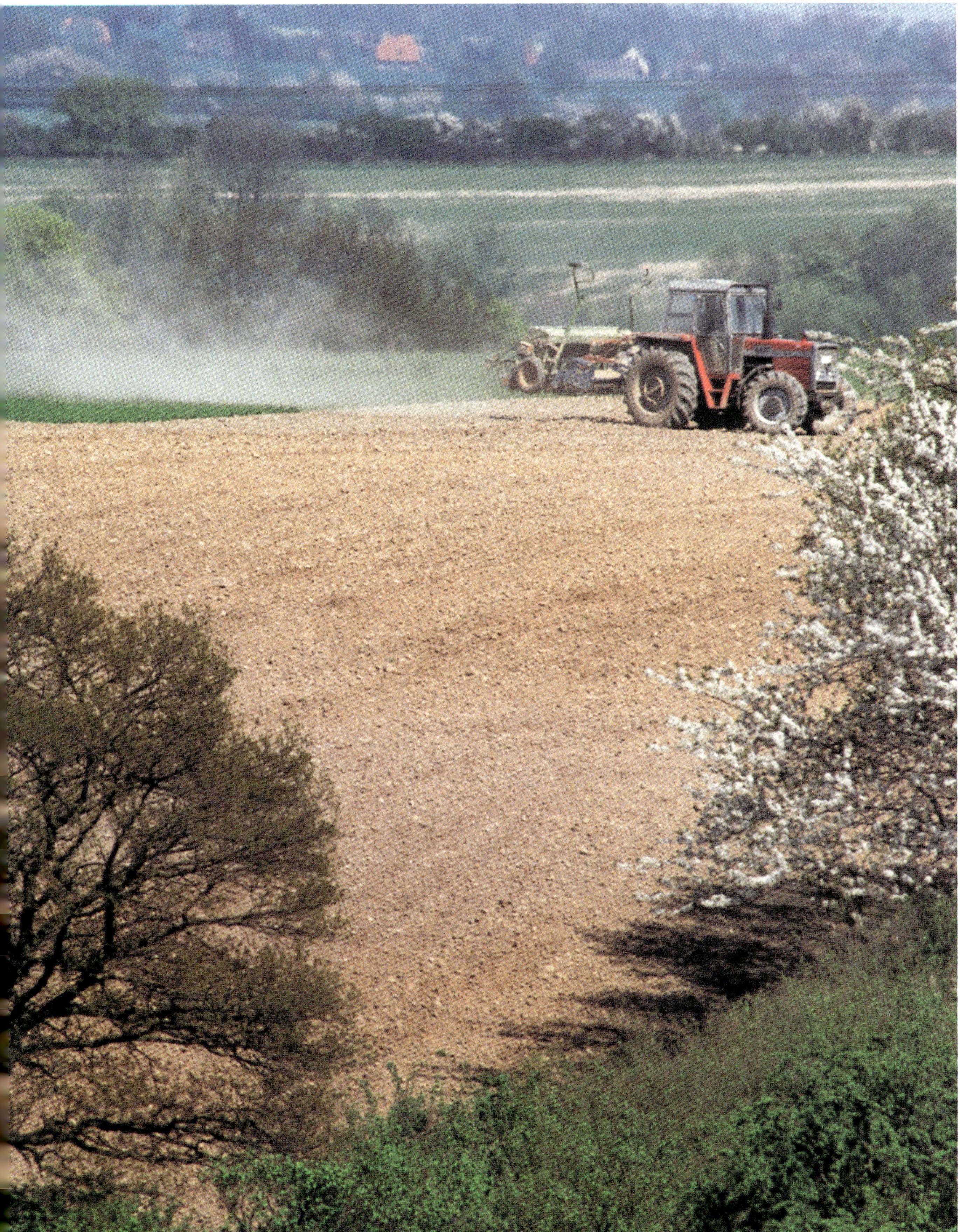

Aus welcher Zeit die älteste Mühlenanlage in Trittau stammt, läßt sich nicht mehr klären. Sie nutzt das Wasser des „aqua Trutauen", seit langem als Mühlenau bekannt. Als Teil der landesherrlichen Vogtei Trittau wurde die Mühle 1492 erneuert. Der heutige Bau erhielt seine wesentliche Prägung im frühen 20. Jahrhundert. Heute dient sie der Gemeinde Trittau als beliebtes Kulturzentrum.

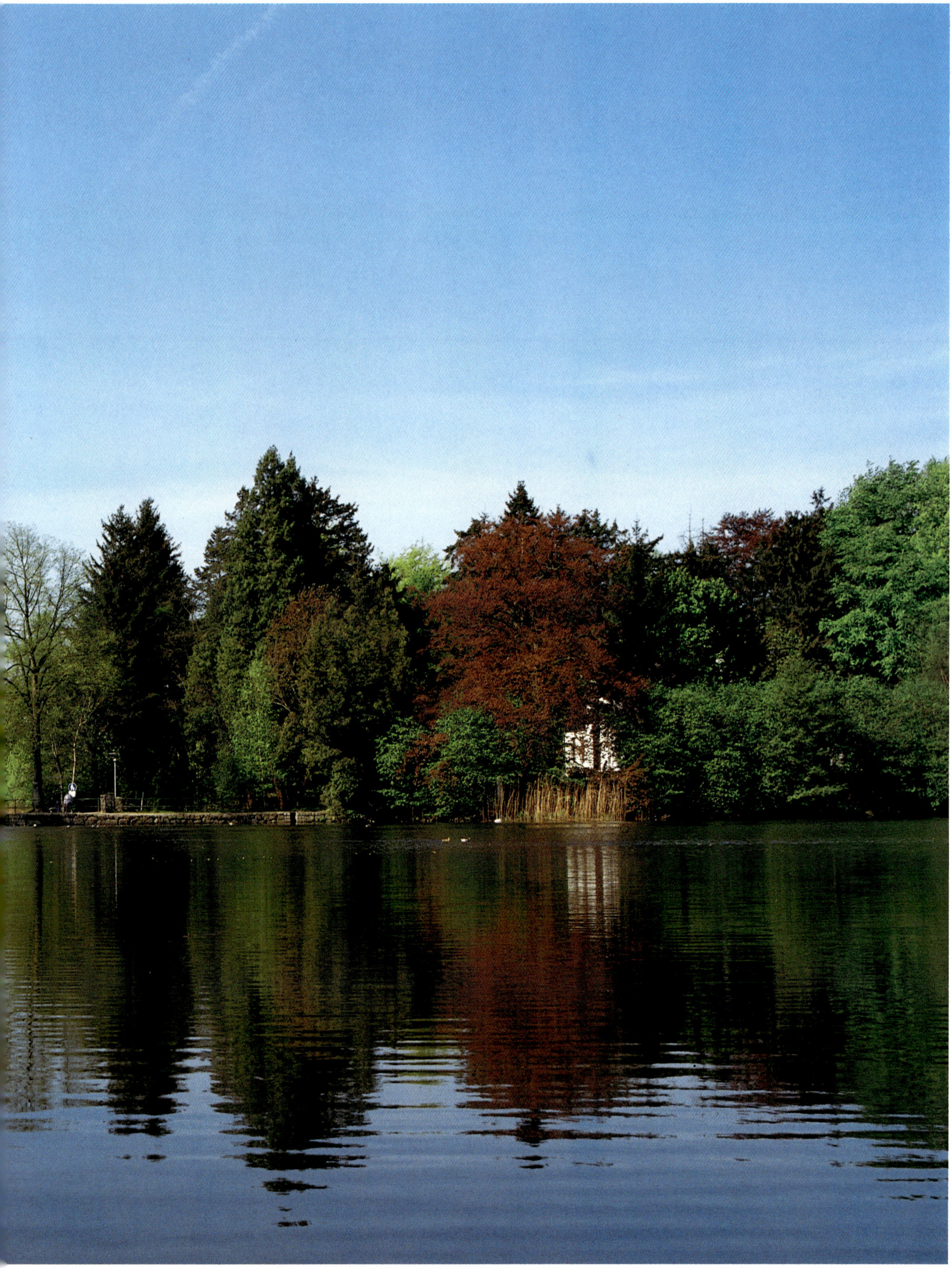

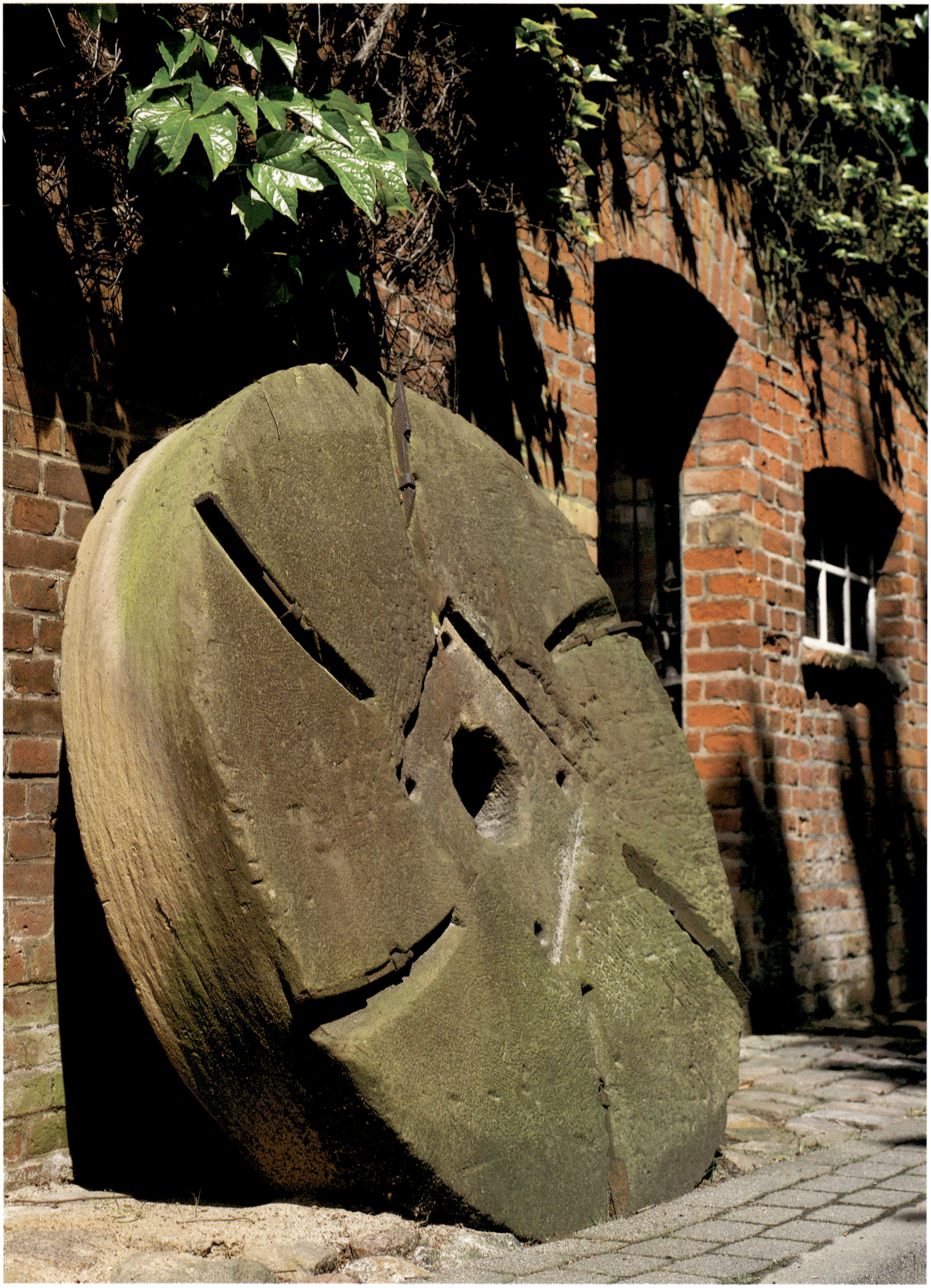

Die Ahrensburger Mühlenkultur blickt auf eine lange Tradition zurück. Schon um 1267 wurde am Ahrensfelder Teich eine Wassermühle errichtet. Aus dem 16. Jahrhundert stammt die rantzausche Gutsmühle, die wiederholt umgebaut wurde. Mühlen waren stets technologische Markenzeichen ihrer Zeit.

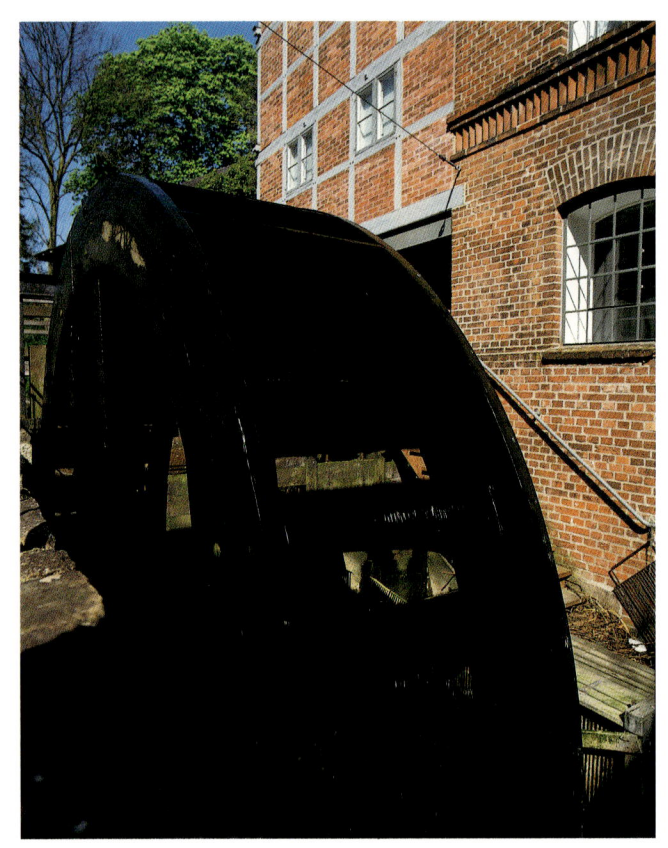

Jahrhundertelang hatte die Stadt Oldesloe ein ambivalentes Verhältnis zur hiesigen Mühle. Diese war kein städtischer Betrieb, auf den der Rat der Stadt Einfluß nehmen konnte. Die Oldesloer Mühle gehörte den Landesherren und war zwischen dem königlichen Amt Segeberg und dem herzoglichen Amt Trittau aufgeteilt, die auch über die Einkünfte aus der Mühle verfügten. Meist wurde vom Müller ein Fünfzehntel des Korns als „Mattkorn" einbehalten – ein einträgliches Geschäft für jeden Mühlenbesitzer.

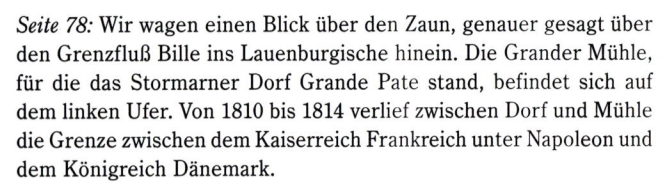

Seite 78: Wir wagen einen Blick über den Zaun, genauer gesagt über den Grenzfluß Bille ins Lauenburgische hinein. Die Grander Mühle, für die das Stormarner Dorf Grande Pate stand, befindet sich auf dem linken Ufer. Von 1810 bis 1814 verlief zwischen Dorf und Mühle die Grenze zwischen dem Kaiserreich Frankreich unter Napoleon und dem Königreich Dänemark.

Seite 79: Der „letzte Mohikaner" aus dem einstmals bedeutenden Stamm der Stormarner Windmühlen steht heute in Meilsdorf-Fleischgaffel. Die ersten Windmühlen sind seit dem 13. Jahrhundert in der Nachbarschaft Lübecks und Hamburgs nachweisbar. Ihre größte Blüte erreichte die Windmühlenkultur im 19. Jahrhundert, als ihre Flügel weithin die Landschaft belebten.

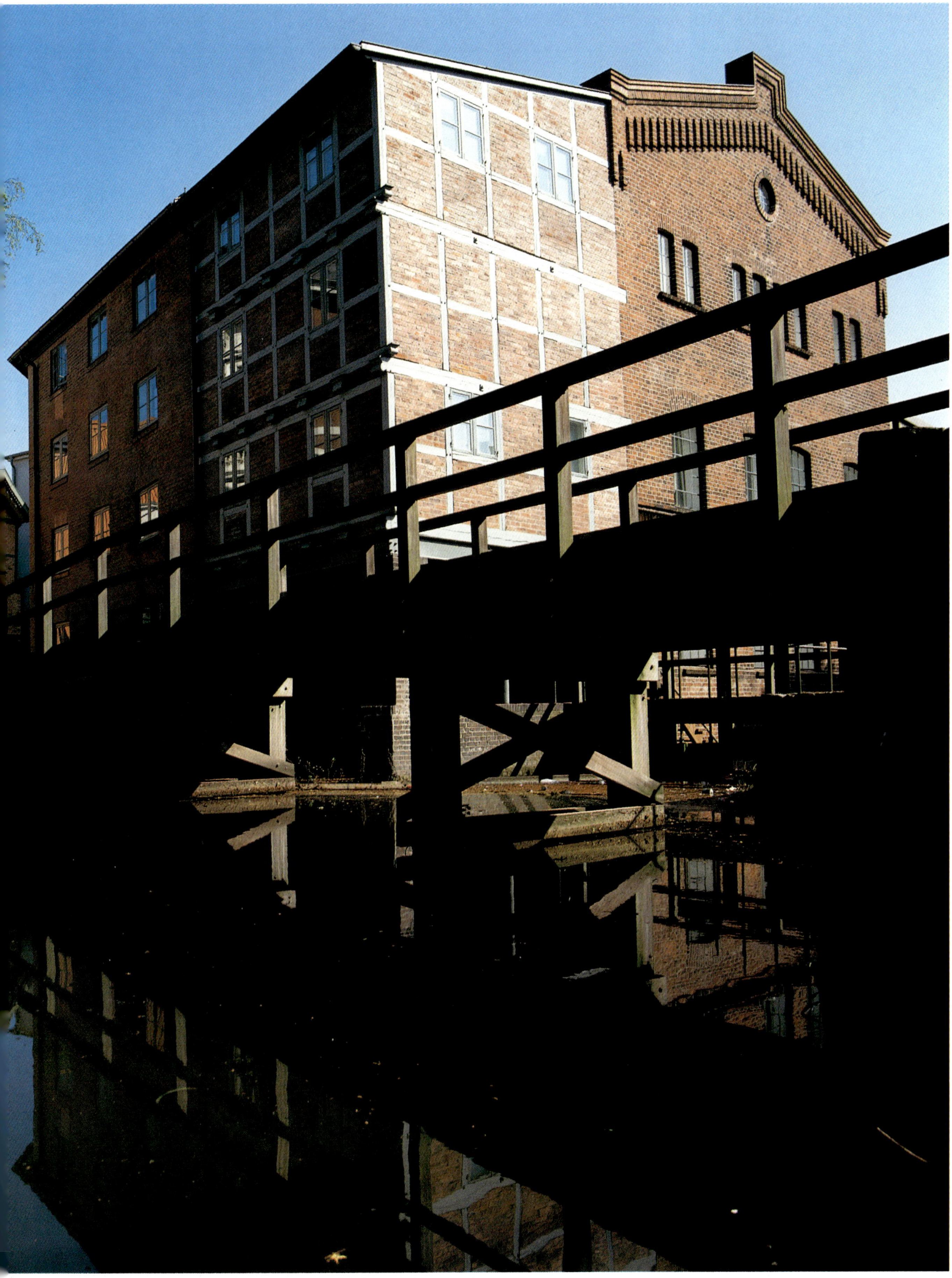

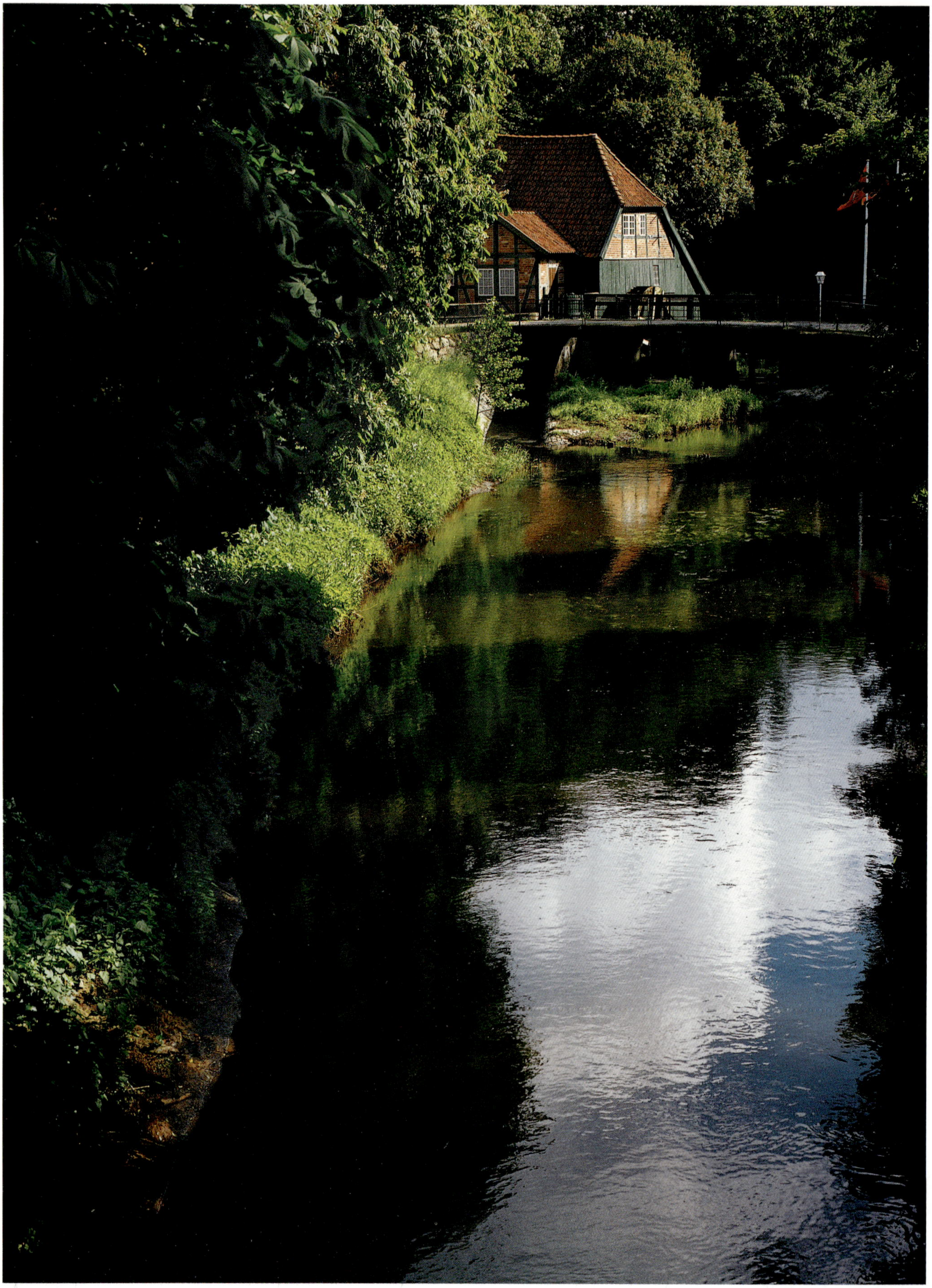

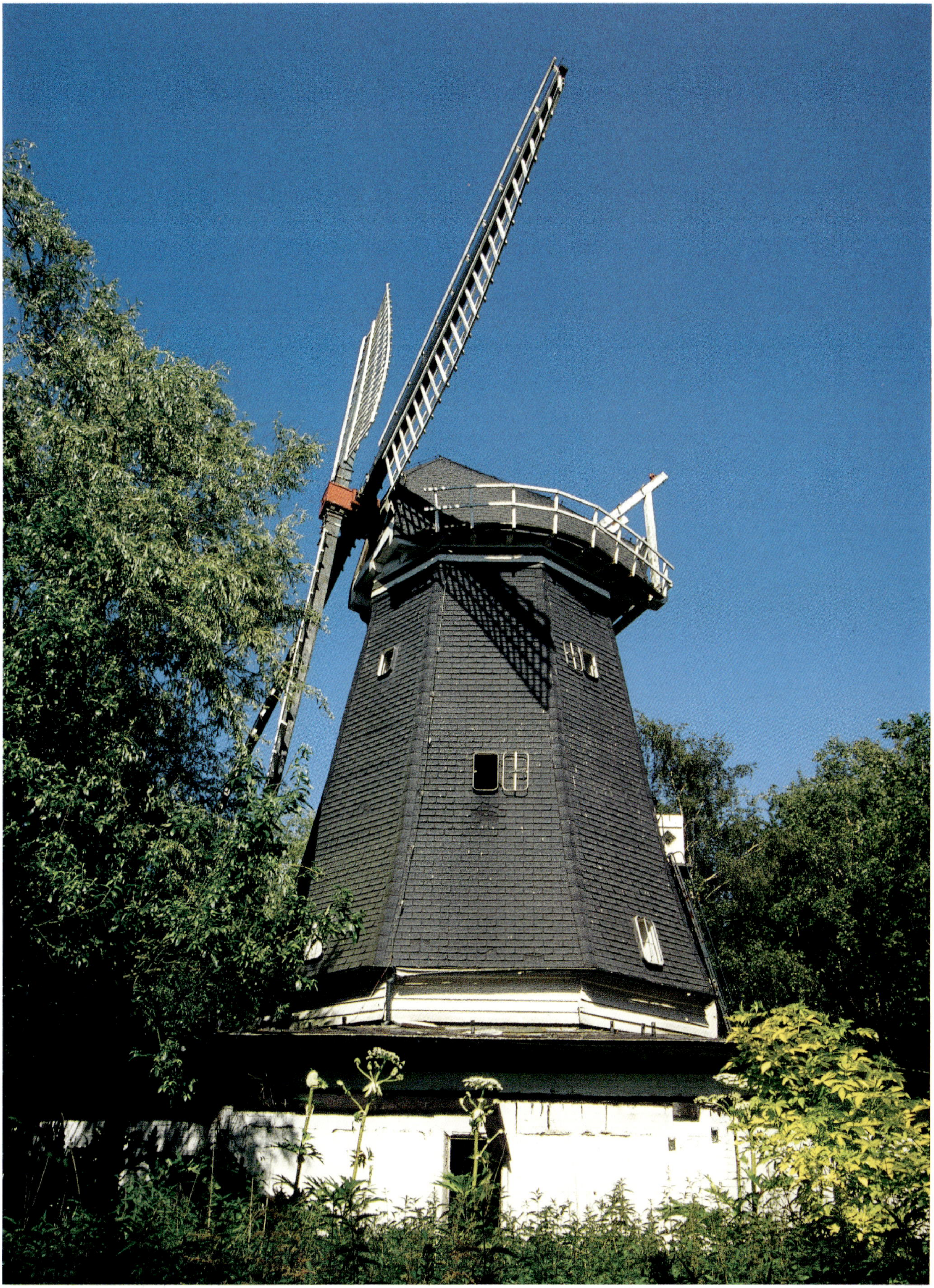

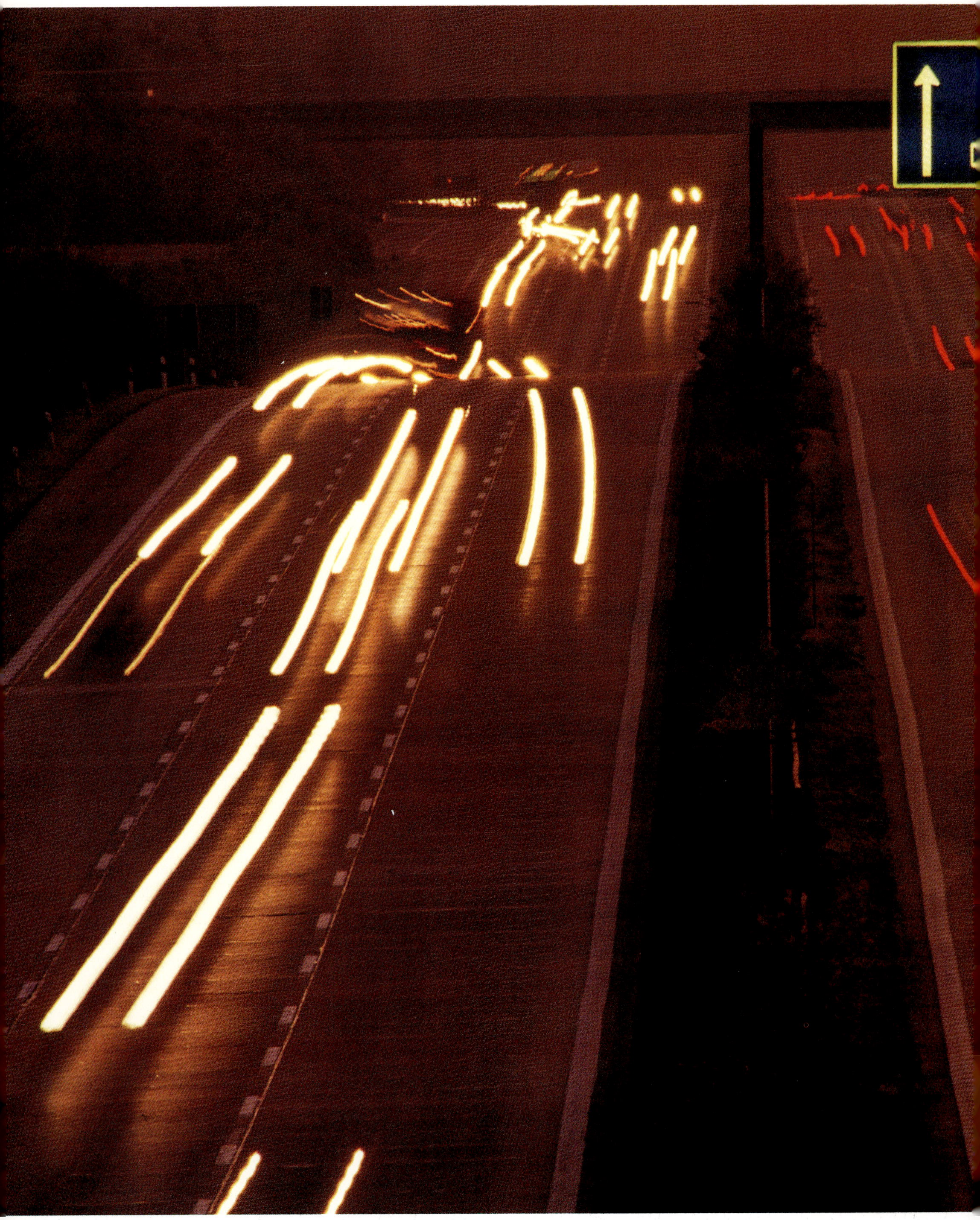

Blick von der Brücke

Das moderne Stormarn ist in starkem Maße vom Durchgangs- und Pendlerverkehr geprägt. Sich schnell und preiswert fortzubewegen ist die große Errungenschaft unserer Zeit. Im Unterschied zu früheren Jahrhunderten ist man nicht mehr Städter oder Dorfbewohner, sondern beides. Man wohnt in Glinde, Großhansdorf, Ammersbek oder Reinbek und nimmt die Großstadt beruflich, kulturell, sozial und wirtschaftlich sprichwörtlich am Rande mit. Genau dadurch entsteht auch ein neuer Begriff von Metropole und ländlicher Siedlung.

Das alte Zoll- und Posthaus in Dwerkaten bei Lütjensee. 1838 wurde es unter dem dänischen König Friedrich VI. errichtet. Doch inzwischen ist kaum noch nachzuvollziehen, daß dieses Gebäude einmal an einer der wichtigsten Handelsstraßen zwischen Hamburg und Lübeck, das heißt: zwischen Nord- und Ostsee, gelegen hat. Und sehr viel Phantasie benötigt der heutige Betrachter, der sich vorzustellen versucht, unter welchen Strapazen sich Handel und Verkehr in vormoderner Zeit über stormarnsche Wege geschleppt haben.

„Dat is in verledene Tieden bi us ok nich veel anners wesen, blots is dat allens n'beeten beswerliker un sachtens aflopen – un dat hett nich so stunken as vondaag!"

Es ist ein Zeitzeuge besonderer Art, mit dem wir gerade reden. Ein Frachtwagenbesitzer des 17., 18. oder beginnenden 19. Jahrhunderts. Er darf aber auch gern einige Jahrhunderte älter sein. Wir stehen mit ihm auf einer unserer unwirtlichen Autobahnbrücken, vielleicht am Rande Großhansdorfs oder bei Hammoor.

Natürlich sind wir begierig zu erfahren, was sich in Stormarn nun eigentlich verändert habe. Und wen sollte es wundern, daß unser fiktive Zeitzeuge zunächst einmal gehörig staunt. Denn ob sich jährlich zwei- oder dreitausend Frachtwagen durch zerfurchte, sandige oder auch morastige Wege schleppen oder einige zehntausend „Brummis" auf betonierten Kunstpisten dahinbrausen, ist sicherlich ein Unterschied. Doch im Grunde genommen ist es nur ein gradueller. Eigentlich hat sich gar nicht so viel geändert.

Es sind klassische Handelswege, die durch Stormarn führen, und es sind Lübeck und Hamburg, die seit altersher die entscheidenden verkehrsgeographischen End- und Eckpunkte bilden. Bis heute läßt sich mit jeder Autokarte belegen, daß die beiden Hansestädte die Streckenführung fast jeder wichtigeren Straße vorzeichnen. Im Mittelalter gibt naturgegeben die Landschaft den Weg vor. Wo man durchkommt, wo man leidlich fahren, pausieren, „ausspannen" und sich treffen, vielleicht auch Geschäfte machen kann, dort entstehen Verkehrsknotenpunkte.

Oldesloe ist das Paradebeispiel. Hier laufen seit dem frühen Mittelalter wichtige Verkehrsverbindungen zusammen. Hier finden wir – vor Trittau – eine der ersten Zollstätten, und hier werden auch später Stormarns Eisenbahn- und Busverbindungen zusammenlaufen. Oldesloes zentrale Lage in der Region ist für die Briten am Ende des Zweiten Weltkrieges deshalb Grund genug, hier noch einmal zuzuschlagen und die Travestadt mit einem schweren Luftangriff empfindlich zu schädigen.

Stormarns Schicksal ist es, daß der Handel zwischen Nord- und Ostsee vornehmlich über seine Wege rollt. Der Seeweg über das Skagerrak ist langwierig und gefährlich. Also lädt man um und nutzt das Wasser zumindest so weit, wie es sich anbietet. Bis Oldesloe ist die Trave, bis Stegen wird die Alster eine Zeitlang schiffbar sein.

Daß in Stormarn über den Kanalbau immer wieder genauso leidenschaftlich nachgedacht wird wie später über Eisenbahntrassen, hat den einfachen Grund, daß Stormarns Handelswege im wahrsten Sinne des Begriffs grundlos sind. Für den Menschen des 20. Jahrhunderts ist es wohl kaum mehr nachzuvollziehen, wie stark Handel und Verkehr, Reisen, Kommunikation und Kultur bis weit ins 19. Jahrhundert hinein durch Wegeprobleme und damit Transportschwierigkeiten und -kosten behindert wurden.

Doch was nützten dem Kaufmann Wasserwege, wenn diese nur halbherzig ausgebaut waren und vorsintflutliche Schleusen das Fortkommen genauso zum Alptraum machten wie Wegelagerer und Strauchdiebe die Straßen zwischen Oldesloe und Bargteheide oder Siek und Lütjensee? Eine Fahrt zwischen Hamburg und Lübeck durch den Stecknitzkanal konnte wegen der komplizierten Stauschleusen bis zu 14 Tagen dauern. Wen wundert's dann, daß unser fiktiver Fuhrmann und sein schwerer Frachtwagen, der von 4 bis 6 starken Pferden gezogen werden muß, gut ausgelastet sind.

Stormarns Infrastruktur ist ebenso wie das Bild unserer Städte und Ortschaften durch den historischen Tatbestand geprägt, daß diese Landschaft jahrhundertelang Transitland gewesen ist. Doch dabei ist Stormarn nicht nur die vielbesungene Brücke zwischen den Hansestädten, sondern es ist auch ein Abschnitt jener Landbrükke, die Mittel- und Nordeuropa miteinander verbindet.

Diese Tatsache haben wir schlicht und einfach der Topographie der schleswigholsteinschen Westküste zu verdanken, die eine Alternative zu dieser Ost-West-Verbindung praktisch nicht zuließ.

Verkehrsprobleme sind im übrigen auch immer politische Fragen gewesen. Auch daran hat sich bis heute wenig geändert. Versucht man nun eine Periodisierung der Stormarner Verkehrsgeschichte, so ergeben sich einige herausragende Zeitabschnitte, die etwas näher beleuchtet werden sollen.

Da sind zunächst die endlosen Jahrhunderte bis zum Chausseebau, also die Zeit bis in die 1840er Jahre. Hier haben wir es mit der vormodernen Ära einer durch und durch archaischen

Genaugenommen ist nicht der Kreis Stormarn die „Brücke" zwischen den Hansestädten Hamburg und Lübeck, sondern es sind seine Autobahnen und Straßen, die verkehrsgeschichtlich auf eine lange Tradition blicken können. Erst mit der Bundesstraße 404, die sich Anfang 1960 noch im Bau befindet, hat Stormarn eine erste markante Süd-Nord-Verbindung erhalten. Eine Autobahn nach Kiel abzweigen zu lassen war schon ein Plan der 1930er Jahre gewesen. Ausgeführt wurde er nie, und auch die vollständige Vierspurigkeit der B 404 ist bis heute Theorie.

Die B 404 bei Blumendorf: Stormarner Verkehrsidylle Anfang der 60er Jahre.

83

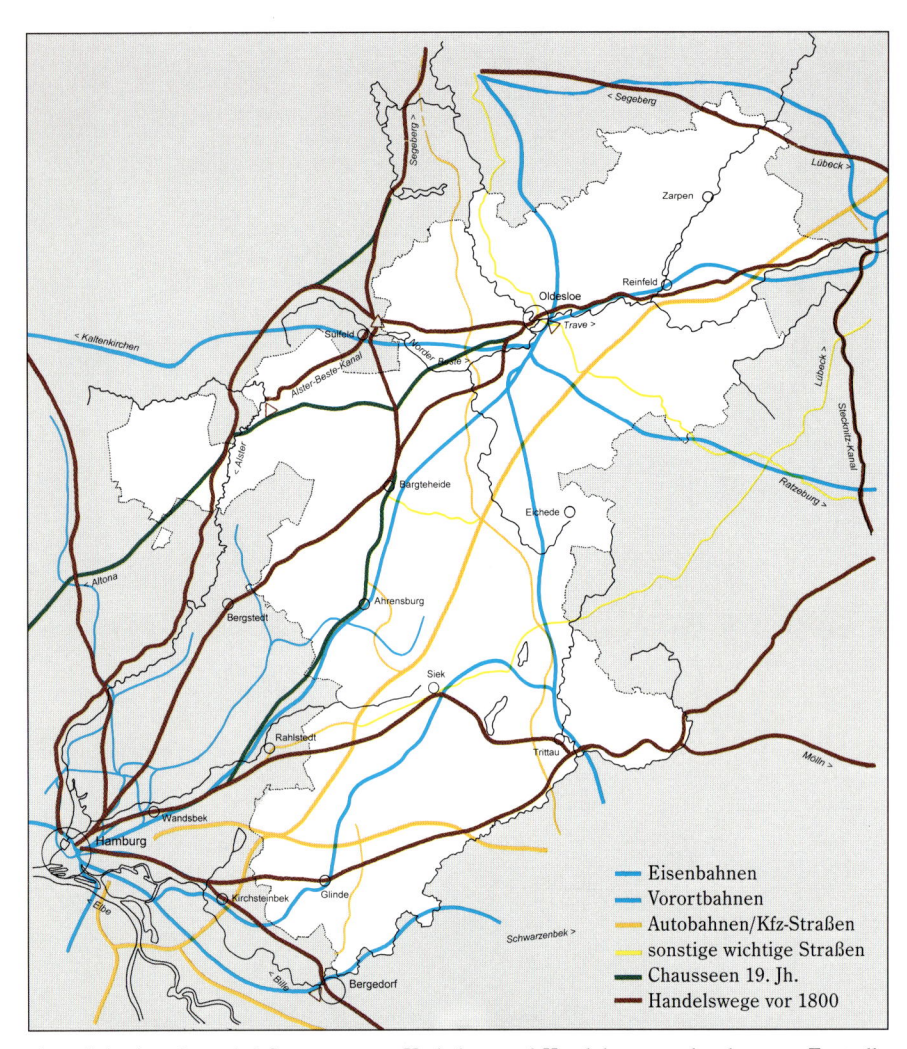

⎯⎯⎯	Eisenbahnen
⎯⎯⎯	Vorortbahnen
⎯⎯⎯	Autobahnen/Kfz-Straßen
⎯⎯⎯	sonstige wichtige Straßen
⎯⎯⎯	Chausseen 19. Jh.
⎯⎯⎯	Handelswege vor 1800

oben: Seit altersher wird Stormarn von Verkehrs- und Handelswegen durchzogen. Fast alle verlaufen in einer Richtung. Sie verbinden den Mündungsbereich von Alster und Bille mit der Travemündung in die Ostsee. Militärische Invasoren hingegen nahmen meist den Hintereingang: Sie kamen aus Richtung Ost oder Südost. Noch die Engländer überquerten 1945 bei Lauenburg die Elbe, um von dort nach Stormarn vorzustoßen.

rechte Seite: Wo im 19. Jahrhundert noch schwere Pferdegespanne über das Kopfsteinpflaster rumpelten, herrscht heute beschauliche Ruhe. Der Verkehr fand bequemere Wege. Als eine der letzten Kopfsteinstraßen mit angrenzendem Sommerweg steht der Hohenfelder Damm in der Hahnheide inzwischen unter Denkmalschutz.

Fortbewegung zu tun. Der „normale" Mensch geht zu Fuß, und wer sozial oder finanziell herausgehoben ist, benutzt Pferd und Wagen. Zu beneiden ist bei diesem Vorgang grundsätzlich niemand, weder Mensch noch Tier.

Die Verbindung Hamburg-Lübeck gilt europaweit als bedeutender Handelsweg, ist aber gerade auf dänischem Gebiet der Schrecken der Kaufleute. Immer wieder sehen sich Reisehandbücher oder auch ausländische Zeitungskommentare veranlaßt, vor dem stormarnschen Raum zu warnen.

Die nächste Epoche – die Zeit des Kunststraßen- oder Chausseebaus – fällt in das letzte Vierteljahrhundert der dänischen Herrschaft. Was aber vielfach vergessen und in der historischen Literatur oft nur kursorisch behandelt wird: Der Chaussee-, Straßen- und Wegebau war in keiner Weise unwichtiger als der Eisenbahnbau. Letzterer war allenfalls spektakulärer.

Als Faustregel dürfte für Stormarn gelten, daß der beharrliche Ausbau des Straßen- und Wegenetzes ein, wenn nicht der entscheidende Faktor für den Aufbruch in die Moderne darstellte. Kreiskommunalpolitik war ab 1867 vorrangig Verkehrspolitik.

Interessanterweise fällt der forcierte Straßen- und Wegeausbau mit dem Eisenbahnzeitalter zusammen. Als Mitte der 1830er Jahre der Chausseebau beginnt und in England Eisenbahnen schon zum Alltag gehören, gibt es auch Überlegungen für einen ersten „Transrapid" durch Stormarn. Lübische Kaufleute sind es, die den schnellen, unmittelbaren Bahnanschluß an Hamburg suchen. Das war im Jahre 1833, zwei Jahre vor der deutschen Eisenbahnpremiere von Nürnberg bis Fürth.

Das Eisenbahnzeitalter beginnt in Stormarn erst ein Jahr nach der Befreiung von Dänemark. Die Trasse verläuft mehr oder weniger parallel zur alten Handelsstraße Hamburg, Wandsbek, Ahrensburg, Bargteheide, Oldesloe, Reinfeld, Lübeck. Fast scheint es, als wollte man die Straße herausfordern. Und so ist es auch.

Die Bahn ist nicht nur Ergänzung und Erleichterung, sondern auch Kontrahent. Deshalb dauert es nicht lange, da hat sich der Dampfwagen, den man zunächst auf die Schiene gesetzt hat, im wahrsten Sinne des Wort auf und davon gemacht. Die großartige Erfindung verläßt nach einigen technologischen Umwegen die Schiene und knattert fortan als Automobil über die Straßen.

Die Stormarner Verkehrsgeschichte ist ein Beispiel dafür, wie schnell die großen Eisenbahnerwartungen des 19. Jahrhunderts Episode blieben. Zwar entstehen zwischen 1865 und 1907 diverse Bahnverbindungen, aber ihnen allen ist – sieht man einmal von der bis heute nicht elektrifizierten Strecke Hamburg-Lübeck ab – keine Zukunft beschieden. Kilometerlange Bahndämme und -trassen liegen gegenwärtig als historische Inve-

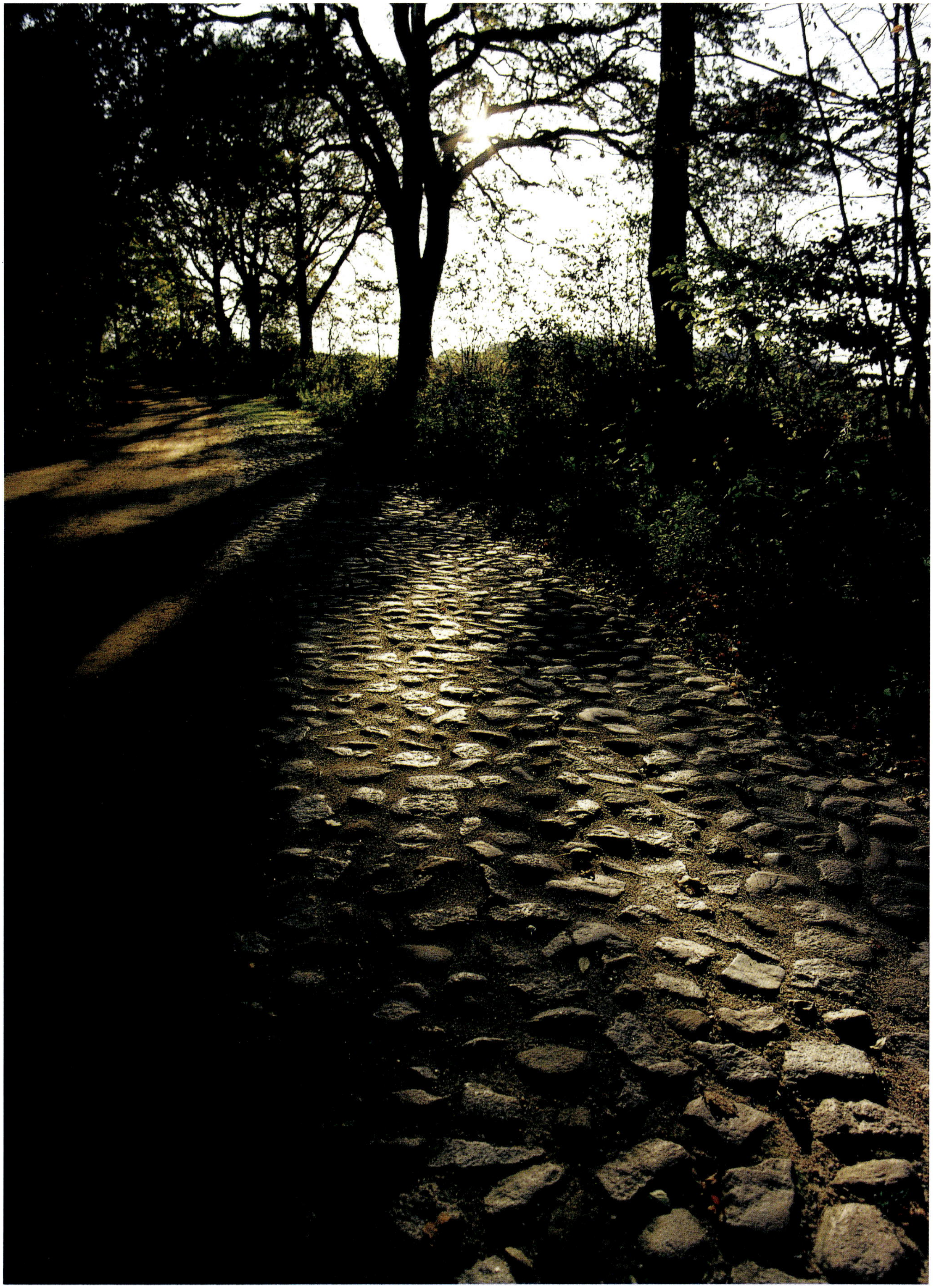

Gasthaus an der Hahnheide

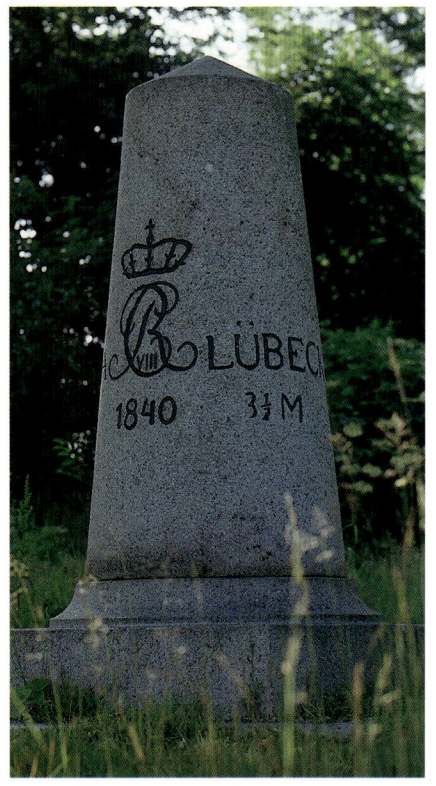

Noch heute zeugen denkmalgeschützte Chausseesteine an der Bundesstraße 75, auf welche Weise sich die Straßenverhältnisse mit der beginnenden Industrialisierung schlag(loch)artig verbesserten.

stitionsruinen im Kreisgebiet. Jetzt verlaufen Fahrradwege, wo einst wichtige Verkehrsverbindungen geschaffen werden sollten, wo man von Trittau nach Oldesloe oder von Trittau nach Hamburg mit dem Zug fahren konnte und sollte.

Die letzte Phase führt in die Gegenwart. Das Auto dominiert verkehrspolitisch, eine Entwicklung, die sich bereits in den 20er Jahren abzuzeichnen beginnt. Der Kreis Stormarn und mit ihm sein weitblickender Landrat Friedrich Knutzen legt sich kräftig ins Zeug. Große Summen fließen in den Ausbau des Straßennetzes, das ein Faß ohne Boden zu sein scheint, denn das Automobil ist das sensibelste Verkehrsmittel aller Zeiten. Es ist schnell, individuell und flexibel.

Doch dort, wo Bodenwellen, Schlaglöcher, Matsch- und Sandkuhlen oder auch nur rutschiges Kopfsteinpflaster den Frachtwagenbesitzer früherer Zeiten gleichgültig gelassen oder sogar fröhlich gestimmt hätten, genau dort ist das Automobil anfällig. Deshalb verlangt dieses Jahrhundert als Selbstverständlichkeit, was für vorangegangene eine Utopie darstellte: chaussierte oder macadamisierte Straßen. Die Chaussee war die große Errungenschaft der napoleonischen Ära, und die asphaltierte Straße des Schotten Mac Adams war der verkehrspolitische Geheimtip aus Großbritannien.

Busse, Bahnen – das, was man heute ÖPNV nennt (Öffentlicher Personen-Nahverkehr) – sind, was das Verkehrsverhalten und die Verkehrsmöglichkeiten der Kreisbevölkerung angeht, immer noch zweit- oder sogar drittrangig. Statt dessen gibt es etwas, was aus geschichtlicher Perspektive eigentlich einmalig ist und jeden Zeitzeugen aus früheren Jahrhunderten vielleicht am meisten verblüffen würde: ein dicht ausgebautes Kunststraßennetz, das selbst kleinste Ortschaften miteinander verbindet und auf asphaltierten Wegen sogar durch die entlegenste Feldmark führt. Noch die 50er und 60er Jahre unseres Jahrhunderts hätten da viel Grund zum Staunen gehabt.

Die Autobahn Hamburg-Lübeck, die zwischen 1934 und 1937 in Stormarn als Großtat nationalsozialistischer Arbeitsbeschaffungspolitik gebaut und gefeiert wurde, war zunächst einmal der in Beton gegossene Triumph des Automobils, dessen Besitz zu dieser Zeit zwar noch soziales Privileg war, aber spätestens mit den bundesdeutschen Wirtschaftswunderzeiten zum Allgemeingut wurde. Der Name Autobahn knüpfte bewußt an jenes Verkehrsmittel an, das schon im 19. Jahrhundert dafür gesorgt hatte, daß man auf einer Bahn und ohne Unterbrechung dahinsausen konnte, so daß das mühevolle, zeitraubende Herumkurven von Ort zu Ort ein Ende hatte.

Kommen wir zu einem ganz anderen Straßentyp, auch einer Erfindung

Die legendäre Südstormarnsche Kreisbahn, der bedeutendste kommunal- und verkehrspolitische Flop dieses Jahrhunderts. Als Bahn zwischen Mölln, Trittau, Wandsbek und damit Hamburg noch zu Bismarcks Zeiten gewollt, als Kleinbahn und Verlegenheitslösung 1907 zwischen Trittau und Tiefstack, dem östlichen industriellen Unterleib Hamburgs, eingeweiht, wurde das gutgemeinte Projekt 1952 endgültig stillgelegt. Die „Südstormarnsche" hätte Trittau den direkten Anschluß an Hamburg bringen können, zumal sie keine Klein-, sondern eine Normalspurbahn war. Aber sie war trassenmäßig fehlgeleitet und damit eine Episode in der reizvollen schleswig-holsteinischen Kommunalbahngeschichte.

dieses Jahrhunderts, der Umgehungsstraße. Die Transitbelange des fremden Reisenden und die Lebensbedürfnisse der einheimischen Bevölkerung standen nicht immer im Widerstreit. Solange die mittelalterlichen Frachtwagen Tage brauchten, um zwischen den beiden Hansestädten hin- und herzufahren, und Gastwirtschaften oder Vorspann leistende Bauern von diesem Verkehrsstrom profitierten, gab es wenig Klage.

Reisende und Einheimische standen noch in Beziehung zueinander. Und wer abseits der befahrenen Wege wohnte, war ohnehin „weit ab vom Schuß", was wörtlich genommen werden darf, denn natürlich war Stormarn nicht nur Transitland für Handel und Verkehr, sondern auch militärisches Einfallstor und Durchmarschgebiet.

Probleme gab es erst, als der Automobilverkehr die Straßen zu beherrschen begann und die Dörfer von außen gesehen nur noch Verkehrshindernisse darstellten, die man schnell passieren wollte. Zwischen Reisenden und Einheimischen gab es nun kaum noch Verbindungen, allenfalls Reibereien. Die Straße gehörte nicht mehr, wie es jahrhundertelang üblich gewesen war, denen, die an ihr wohnten und arbeiteten, sondern anonymen Verkehrsteilnehmern.

Natürlich ließen Konflikte nicht lange auf sich warten, und groß war der Unmut über diejenigen, die die Wege zerfuhren und besetzten und in den ersten Jahrzehnten der Automobil-Ära noch nicht einmal Kraftfahrzeugsteuern entrichteten. Nach dem Zweiten Weltkrieg gelang eine gewisse Entschärfung des Problems, das in den 20er Jahren in Stormarns Gemeinden für viel Ärger gesorgt hatte. Man „erfand" Umgehungsstraßen und später sogar verkehrsberuhigte Zonen, umgeben von Lärmschutzwällen. Sie

Entdeckt in Hohenfelde: die verkehrspolitische Bürgerinitiative einmal ganz anders.

würde unser Frachtwagenbesitzer aus früheren Zeiten wohl gänzlich verkennen. Wie würde er sie deuten? Vielleicht als mißratene Verteidigungsanlagen gegen äußere Feinde?

87

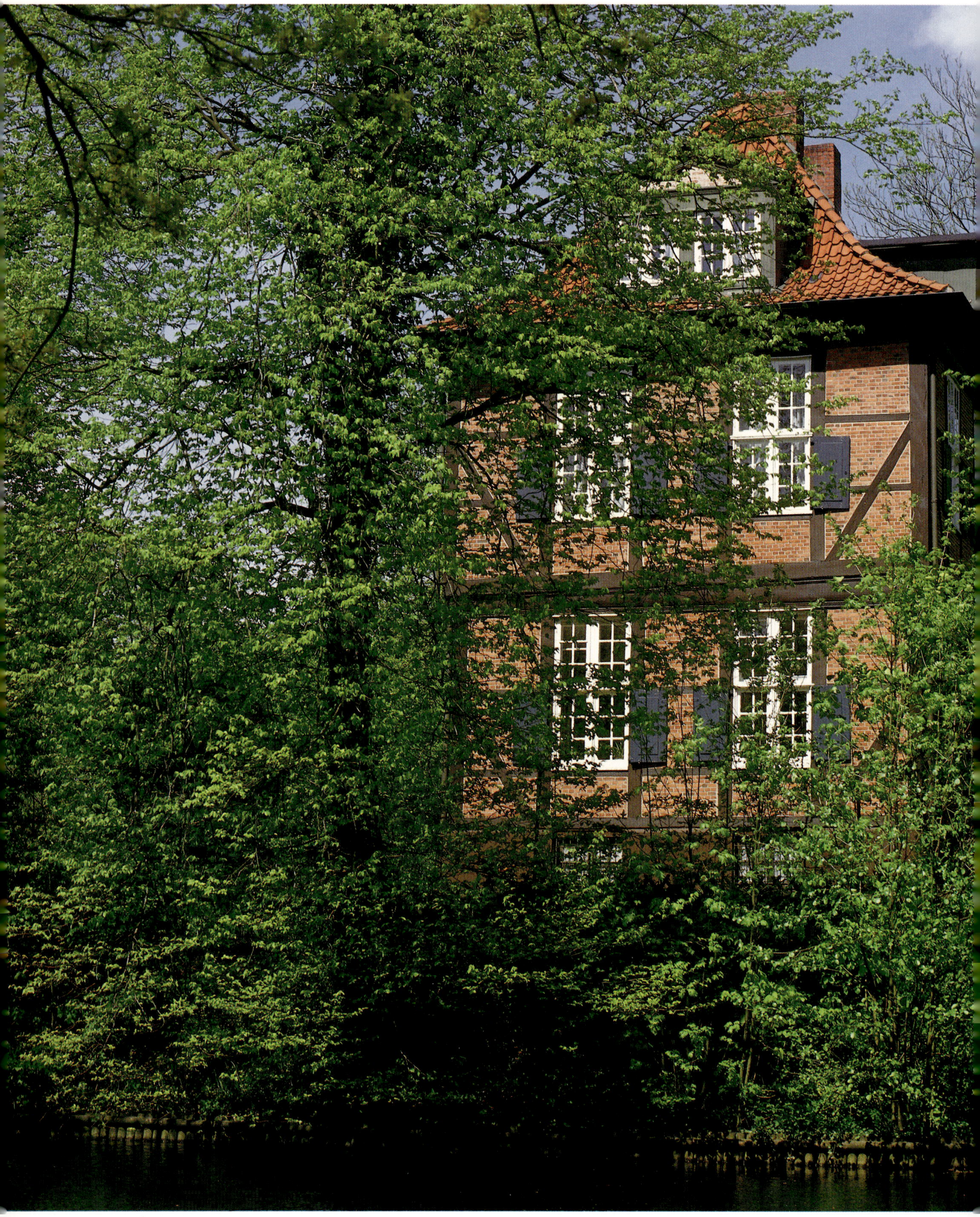

Hamburg – Geschichte eines Problems

Das 1712 erbaute Herrenhaus Wohldorf. Jahrhundertelang residierte hier ein Hamburger Senator als Waldherr. Ihm unterstanden die Bauerndörfer und Vorwerke Ohlstedt, Wohldorf, Volksdorf, Großhansdorf, Schmalenbeck, Hoisbüttel und Farmsen. Zwischen 1347 und 1444 waren sie in Hamburger Besitz gelangt, als die ortsansässigen Adelsgeschlechter verarmten. Die Bauern hatten für die Stadt Dienste zu verrichten, ähnlich wie ihre Leidensgefährten in den benachbarten Gutsbezirken.

Die Alster. Einst floß sie mitten durch den Stormarngau, um im 14. Jahrhundert zum Grenzfluß zu werden. Den Hamburgern diente sie als Transportweg und Energieträger für die städtischen Mühlen. Daß Hamburg im frühen 14. Jahrhundert den ganzen Flußlauf gekauft hätte, ist eines der politischen Märchen, die die Geschichte der Alster begleiten.

Wer von der Stormarner Geschichte spricht, darf von Hamburg nicht schweigen. Der altsächsische Gau und die mittelalterliche Stadt an der Alster, die Grafschaft und die Hansestadt an der Elbe, der preußische Landkreis und die Welthafenmetropole, der schleswig-holsteinische Südkreis und der bundesdeutsche Stadtstaat – sie waren und sind immer aufeinander bezogen.

Hamburg war – um mit Mephistopheles zu sprechen – zunächst ein Teil des Teils, der anfangs alles war. Und auch Detlev von Liliencron besang Hamburg noch schwärmerisch als Hauptstadt Stormarns. Doch das war dichterische Freiheit. In der Realität verstand es die Drehscheibe von Handel und Wandel an Alster und Elbe früh, sich zu emanzipieren.

Wenn wir von der stolzen Weltstadt im Norden Deutschlands sprechen, meinen wir heute die Hansestadt Hamburg, wie sie 1937/38 auf der Grundlage des Groß-Hamburg-Gesetzes geschaffen wurde. Historisch gesehen ist das nur das moderne Hamburg mit einer Fläche von rund 755 qkm (Stormarn heute: 766 qkm).

Betrachten wir die Stadt, wie sie 70 Jahre zuvor, zur Zeit der stormarnschen Kreisgründung im Jahre 1867, existierte, dann haben wir es mit einem recht skurrilen städtischen Territorialstaat zu tun, der als reines Stadtgebiet lediglich 136 qkm und zusammen mit seiner Landherrenschaft rund 416 qkm umfaßte. Das war nicht einmal die Hälfte der damaligen stormarnschen Landkreisfläche (Stormarn 1867: 927 qkm).

Diese Beziehungen zwischen Umland und Stadt, zwischen Stadtstaat und der kommunalen Gebietskörperschaft des Nachbarstaates waren stets vielfältig: feindlich, kontrovers, kooperativ, nachbarschaftlich – meistens jedoch kompliziert und kurios. Seit eh und je spielten in diesem Verhältnis

Wohnen auf dem Lande. Wie hier in Siek zieht es immer mehr Menschen hinaus ins Grüne. Doch das ist längst kein Leben in der Provinz mehr wie noch vor 50 oder 100 Jahren. Keine 20 oder 30 Minuten – und man hat in Hamburg die Staatsoper, ein Kino oder Spezialitätenrestaurant erreicht, vorausgesetzt, man findet einen Parkplatz oder das Kleine Theater in Bargteheide bietet an diesem Abend nicht die bessere Alternative.

besondere Motive eine Rolle: Landerwerb, Verkehrserfordernisse, Geld, Prestige und kleinstaatlicher Egoismus, ohne den die deutsche Geschichte bekanntlich nie ausgekommen ist.

Wer beim Problem „Hamburg" nach tieferliegenden Ursachen forscht, wird ebenfalls schnell fündig und stößt auf den klassischen Stadt-Land-Gegensatz, die Verschlingungen des deutschen Föderalismus und die knallharten Gesetze der Moderne. Hamburg drängte stets in sein benachbartes Umland, doch seit über 1.000 Jahren tut es dies immer aus unterschiedlichen Gründen. Das wird oft und manchmal auch gern vergessen.

Stormarn und Hamburg, das ist auch die Geschichte eines Bruderkonflikts oder verkrachter Familienverhältnisse. Fatal ist dieser Konflikt immer dann, wenn man bis heute dem Irrtum begegnet, die bestehenden Probleme ließen sich durch Territorialerwerb oder Gebietsreformen bereinigen. Eine Lösung der Groß-Hamburg-Frage gibt es nämlich nicht, weil man zwischen Groß-Hamburg-Frage und Groß-Hamburg-Gesetz unterscheiden muß.

Erstere existiert als Begriff und Problem etwa seit der Jahrhundertwende, und man wird sich mit ihr wohl solange herumzuschlagen haben, bis zwischen Menschen und menschlichen Gemeinschaften keine Konflikte und Probleme mehr auftreten. Bis zum Eintreten dieses paradiesischen Zustandes wird man sich mit Politik und Kooperation behelfen müssen.

Anders ist es mit dem Groß-Hamburg-Gesetz, das dem Groß-Berlin-Gesetz von 1920 nacheiferte und in das Jahr 1937 gehört. Es ist ein nationalsozialistischer Willkürakt und hat aus der Sicht Hamburgs viele Probleme gelöst. Das mag zu einem Teil auch zutreffen, aber eben nur zu einem Teil. Solange Hamburg wächst und der Urbanisierungsdruck auf das Umland anhält, ändert sich an der ursächlichen Problematik und an der Notwendigkeit zur Kooperation nichts.

Und solange Hamburg an seinem Privileg der „Reichsfreiheit" oder dem Status als Bundesstaat festhalten konnte, kann und will, werden sich im nordelbischen Großraum mit seinen mehr als 3 Millionen Menschen die drängenden Probleme die Klinke in die Hand geben. Vielleicht wird erst ein Geniestreich, ein durchdachtes Nordstaatsgebilde, den Aufbruch zu neuen Ufern ermöglichen. Probleme

oben: Entschlossen steht er seit einem Jahrhundert auf der Hamburger Trostbrücke: Graf Adolf III. – Von 1164 bis zu seiner Vertreibung durch die Dänen 1201 bestimmte er die Geschicke Stormarns und Holsteins. Dieses Denkmal wurde ihm für die Gründung der Hamburger Neustadt gesetzt, die er um 1185 in die Wege leitete. Der Anteil Friedrich Barbarossas daran war denkbar gering. Die legendäre Kaiserurkunde wurde schon vor längerem als Fälschung der Hamburger entlarvt.

rechte Seite: Die Müllverbrennungsanlage Stapelfeld. Für die einen gilt sie als nutzbringende Einrichtung zur Reduzierung der Müllmengen, für die anderen ist sie schlichtweg die „Kreis-Dioxin-Schleuder". Zudem ist sie ein länderübergreifendes Streitobjekt zwischen Hamburg und seinem Umland.

wird es aber auch dann noch zur Genüge geben. Die Geschichte kann ein Lied davon singen.

Hamburg ist nicht irgendeine Stadt, sondern Hafen- und Weltstadt, die sich jahrhundertelang mehr für das interessierte, was innerhalb ihrer Mauern und jenseits der weiten Meere geschah. Hamburg schaute nach Übersee und erst dann ins Hinterland. Hamburg – das waren in erster Linie **einflußreiche Kaufleute und Bankiers, und deshalb war diese Stadt zu allererst eine Residenz des Geldes, nicht der Macht oder des Geistes.**

Hamburg war auf eigentümliche Weise „reichsabgewandt". Die Metropole an der Elbe schaute mehr nach London als nach Berlin. Man hatte zwar einst zum alten Stormarn gehört, aber das Bedürfnis, dieses Umland zu beherrschen, war nicht machtpolitisch, sondern eher ökonomisch motiviert. Ansonsten wollte man unabhängig sein. Hamburg – das ist die Geschichte eines ummauerten Egoismus und einer wohlgehegten Neutralität und luxuriösen Gleichgültigkeit allen Nachbarn gegenüber.

Aus Hamburger Perspektive war und ist Stormarn begreiflicherweise zunächst ein Transitthema, da man es als Brücke nach Lübeck benutzen mußte und muß. Aber Stormarn war auch Hinterland und Wirtschaftszone. Als die Stadt des Mittelalters aufhörte, nur soweit zu sehen, wie der Blick von der Mauer bis zum eigenen Vieh reiche, das man am Morgen aus dem Tor getrieben hatte, begann Stormarn als Hinterland wichtig zu werden, das als Versorgungsgebiet und Absatzraum genauso interessant wurde wie in späteren Zeiten als Ausflugs- und Siedlungsgebiet.

Daß Hamburg sich dabei als Maß aller Dinge betrachtete, war über Jahrhunderte naheliegend. Stadtluft machte schließlich nicht nur frei, sondern mit Fug und Recht betrachtete sich die mauergeschützte Metropole auch als Sendboten der Kultur. Wo Handel und Verkehr blühten, da versorgte die urbane Sonne die düstere Provinz mit geistigen Genüssen.

Bis in unser Jahrhundert hinein, bis zu jener Zeit, als Kulturvermittlung auf dem platten Lande lediglich von überforderten Pastoren und unterbezahlten Lehrern besorgt wurde, mußte die Stadt als geistiger Magnet und lebensspendendes Herz gelten. Theater, Museen, Ausstellungen, Konzerte oder Lesungen, höhere Schulen, Volkshochschularbeit und Weiterbildung, größere Bibliotheken und geistige Impulse – all das fand eigentlich nur hier statt.

Vieles hat sich inzwischen geändert. Das Wachstum der Stadt vollzieht sich seit Ende des 19. Jahrhunderts vor allem quantitativ. Die Stadt quillt unmäßig auf, beansprucht das Umland als Siedlungsraum und frißt Dorf um Dorf. Verbesserte Verkehrsanbindungen sorgen seit Beginn dieses Jahrhunderts dafür, daß der Bürger es immer häufiger vorzieht, seine Ruhe in der schnell erreichbaren Stadtrandgemeinde zu suchen und dort auch zu leben.

Kulturell ist die Stadt nach wie vor attraktiv, aber die technischen Errungenschaften der Informationsgesellschaft und ein oft reizvolles Kulturangebot der „Provinz" machen es genauso möglich, daß man lange Zeit auch ohne die hektische „City" auskommt. All das ist ein Grund, heute anders über Stormarn und Hamburg nachzudenken, als man es vor 50 oder 100 oder 500 Jahren tat.

Geopolitisch ist Hamburg rechtselbisch veranlagt. Daran hat sich seit fast 1.000 Jahren nichts geändert. Hamburg war das Zentrum des Stormarngaues. Hier befand sich, schon vor der karolingischen Hammaburg, eine sächsisch-stormarische Burganlage. Seit dem frühen 9. Jahrhundert wurde dieser Ort von Karl dem Großen und seinem Sohn Ludwig dem Frommen systematisch ausgebaut. Die Hammaburg als Garnison und eine erste der Heiligen Jungfrau Maria geweihte Kirche entstanden. Kaufleute wurden angesiedelt, den Hafen erweiterte man. Auch wenn immer wieder Rückschläge erfolgten – Überfälle von Wikingern und slawischen Heeren – wuchs der Ort unaufhaltsam weiter.

Zweifellos jedoch besaß Hamburg um 1111, als Adolf I. von Schauenburg das Grafenamt erhielt, die Funktion eines

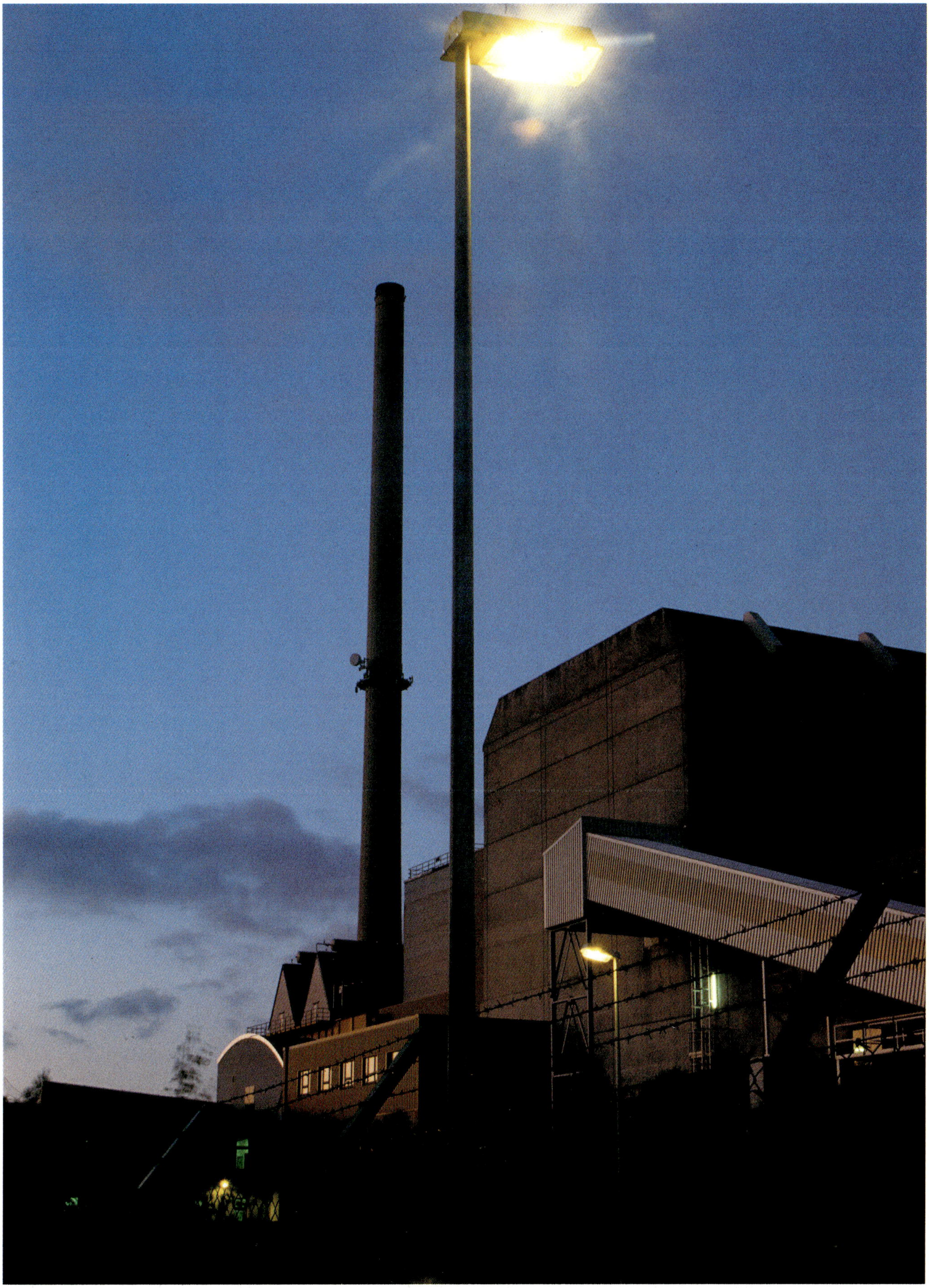

Die ältesten Vermessungskarten des Gutes Ahrensburg aus dem 18. Jahrhundert zeigen den Ahrensfelder Teich als offenes Gewässer. Seitdem hat ein starker Verlandungsprozeß eingesetzt, der einen Bruchwald entstehen ließ. Zahlreiche bedrohte Tier- und Pflanzenarten finden hier ihren Lebensraum.

Machtzentrums für die beiden Gaue Stormarn und Holstein. Es soll hier nicht die Geschichte von Ansgar wiederholt werden, der zwischen 831 und 845 als Hamburger Bischof amtierte. Mit seiner Vertreibung durch die Wikinger endete diese kurze Blüte schnell.

Vermutlich bis ins 11. Jahrhundert hinein blieb die St. Marienkirche das einzige Gotteshaus in Stormarn, und im Laufe des 11. Jahrhunderts entstanden wohl die ersten Stormarner Landkirchen in Kirchsteinbek, Bergstedt und Rellingen und damit in den vier Hauptorten der alten Stormarner Gauviertel. Einen Teil ihrer alten Bedeutung erhielt die Marienkirche zurück, als dort um 1140 ein Domkapitel angesiedelt wurde.

Dieses Hamburger Domkapitel wurde nun zur bestimmenden kirchlichen Institution für die drei Gaue Stormarn, Holstein und Dithmarschen. Die Tatsache, daß der Bremer Dom als Sitz des Erzbischofs ebenfalls ein Domkapitel beherbergte, erhob Hamburg in den Rang eines Bistums ohne eigenen Bischof. Vom Erzbischof ließ sich das Hamburger Domkapitel künftig ebenso wenig in die Karten schauen wie vom Hamburger Rat. Im 14. Jahrhundert wurde es vom Rat sogar öffentlich befehdet und seine Besitzungen in den Stormarner Dörfern von den Ratsherren geplündert.

In der zwischenzeitlich verfallenen billungischen „Neuen Burg" in der Alsterschleife ließ Graf Adolf III. von Schauenburg in den 1180er Jahren eine neue Stadt anlegen, die „Neustadt". Etwa drei Jahrzehnte lang bestand so neben der erzbischöflichen Altstadt im Bereich von Dom und Petrikirche die gräfliche Neustadt um die Nikolai-Kirche. Gegen 1216, unter der Herrschaft des dänischen Statthalters Albrecht von Orlamünde, schlossen sich beide Städte zu einem Gemeinwesen mit einem gemeinsamen Rat zusammen. An der Nahtstelle der beiden bisherigen Städte entstand an der Trostbrücke das neue Rathaus.

Die Keimzelle der Stadt ist der Zusammenfluß von Alster und Elbe. Die Alster, Stormarns geographische wie mythische Mitte, wird früh zum Objekt hamburgischer Territorialpolitik. Es ist nicht nur das Alsterwasser, das hamburgische Mühlen antreibt und das einem holsteinische Landesherren im wahrsten Sinne des Wortes abgraben könnten. Der Fluß ist auch ein Handelsweg.

Denn das mittelalterliche Hamburg – so könnte man polemisch formulieren – ist eigentlich eine „Erfindung Lübecks". Die Königin der Ostsee, die Stadt an der Trave, die den Ton im Hansebund angibt und den Handel im Ostseeraum beherrscht, braucht die Stadt an Elbe und Alster, um mit England und Frankreich, mit Flandern und Ostfriesland Geschäfte zu machen. Damals ist Hamburg Lübecks Nordseehafen, und ganz unfreiwillig nährt Lübeck an ihrem Busen die Konkurrentin, die ihr nach dem Verfall des Städtebundes den Rang als norddeutsche Seehafenstadt langsam, aber sicher ablaufen wird.

Die Landschaft Stormarn ist in diese Entwicklung stets eingebunden. Die Handelswege zwischen den beiden norddeutschen Hansestädten verlaufen durch Stormarn und wollen gesichert sein. So bauen beide Städte ihr ökonomisches Glacis beharrlich aus und scheinen sich regelrecht entgegenzuwachsen, eine Vorstellung, die dem Menschen des 20. Jahrhunderts genauso viele Albträume bereiten dürfte wie den holsteinischen Landesherren des Mittelalters. In der Mitte des 15. Jahrhunderts ist Hamburg hier innerhalb weniger Jahrzehnte ausgesprochen erfolgreich.

Aus der Geschichte der Groß-Hamburg-Problematik läßt sich lernen. Zumindest lassen sich Schlüsse ziehen. Brisant und aufregend ist dieses Thema nach dem Ersten Weltkrieg, als Hamburg, vom Großstaat Preußen umringt, diesem mächtigen Nachbarn den Fehdehandschuh hinwirft. Die kleine Hansestadt – wie gesagt nicht einmal halb so groß wie das preußische Stormarn – verweist auf ihre Weltgeltung und will sich auf Kosten des größten deutschen Staates territorial erweitern. Aus dem preußischen Berlin kommt ein entschiedenes „Nein".

Parteipolitische Interessen und Zugehörigkeiten spielen bei diesem Thema übrigens nie eine Rolle. Der Konflikt eskaliert, wird ideologisch, und zum Schaden beider Kontrahenten bleiben die Probleme der Region auf der Strecke.

Erst 1928 geht man aufeinander zu und verständigt sich in einem vielbeachteten Staatsvertrag, die gemeinsamen Probleme so anzugehen, als ob Grenzen nicht bestünden. Damit ist

„Wie im Osten unseres Kreises, so ist auch in hiesiger Gegend eine bedeutende Verminderung der Störche zu constatiren; doch dürfte die Ursache dieser Erscheinung weniger in der Mordsucht der Griechen und Italiener als in der stetig fortschreitenden Entsumpfung und Entwässerung des Landes zu suchen sein," schrieb der Oldesloer Landbote am 25. Juli 1882.

der Weg zur Kooperation beschritten, den man nach dem Zweiten Weltkrieg wieder aufnehmen kann, muß und wird. Schleswig-Holsteins Ministerpräsident Kai-Uwe von Hassel und Hamburgs Bürgermeister Kurt Sieveking sind es, die 1955 durch die ihre Unterschriften die Gründung eines „Gemeinsamen Landesplanungsrates" beider Länder ins Leben rufen.

Das Groß-Hamburg-Gesetz war nur unter den Bedingungen der NS-Diktatur möglich gewesen. Sowohl im Kaiserreich als auch in der Zeit der beiden deutschen Demokratien war man auf zwischenstaatliche und interkommunale Zusammenarbeit angewiesen.

Nach dem Zweiten Weltkrieg knüpfte man deshalb wieder an das wenige an, was in den Jahren Weimarer Republik zustande gekommen war.

Hamburg und Stormarn - das ist heute vor allem ein Problem der großräumigen Regionalplanung. Seit Ende des 19. Jahrhunderts wurde das Groß-

Hamburg-Problem als Wachstumsproblem gesehen. Die Welthafenstadt platzte aus allen Nähten. Sie expandierte, sie sollte ihre Stellung ausbauen, aber in erster Linie sollte sie Deutschlands Weltmachtposition verkörpern. Je imposanter das Tor zur Welt, desto rasanter der Griff zur Weltmacht, so schien die Logik zu lauten. „Sieger ist das Reich", jubelte man 1938 nach dem Göringschen Groß-Hamburg-Coup, den man übermütig auch als Sieg über den deutschen Partikularismus feierte.

Das zuendegehende 20. Jahrhundert hat andere Argumente zu vertreten und auch parat. Selbstverständlich ist Hamburg die nördliche Drehscheibe eines wiedervereinigten europäischen Deutschland. Aber inzwischen ist auch die Frage erlaubt, wie urbanes Wachstum aussehen und auf wessen Kosten es erfolgen soll. In den 60er Jahren hätte man von einer Gigantopolis „Hamburg-Lübeck" vielleicht noch schwärmen dürfen. Aber wer vermag heute angesichts einer solchen Vorstellung noch ruhig zu schlafen?

Abendstimmung am Lütjensee. Beide – sowohl der Großen- als auch der Lütjensee – spielten seit Ende des 19. Jahrhunderts für die Wasserversorgung Hamburgs und seines Umlandes eine wichtige Rolle. Im Juni 1892 weihten die Wandsbeker stolz ihr neues Wasserwerk ein, das aus den beiden Stormarner Seen gespeist wurde, während die Hamburger ihr Wasser noch der Elbe entnahmen. Die Folgen ließen nicht lange auf sich warten. Weniger Wochen später – im August 1892 – wurde die Hansestadt von einer furchtbaren Choleraepidemie heimgesucht. Für die Stadtoberen war dies ein Grund mehr, die Wasserversorgung zu modernisieren. Zusammen mit dem Kreis Stormarn und Wandsbek gründete man 1928 die „Wasserwerke Hamburg-Ost."

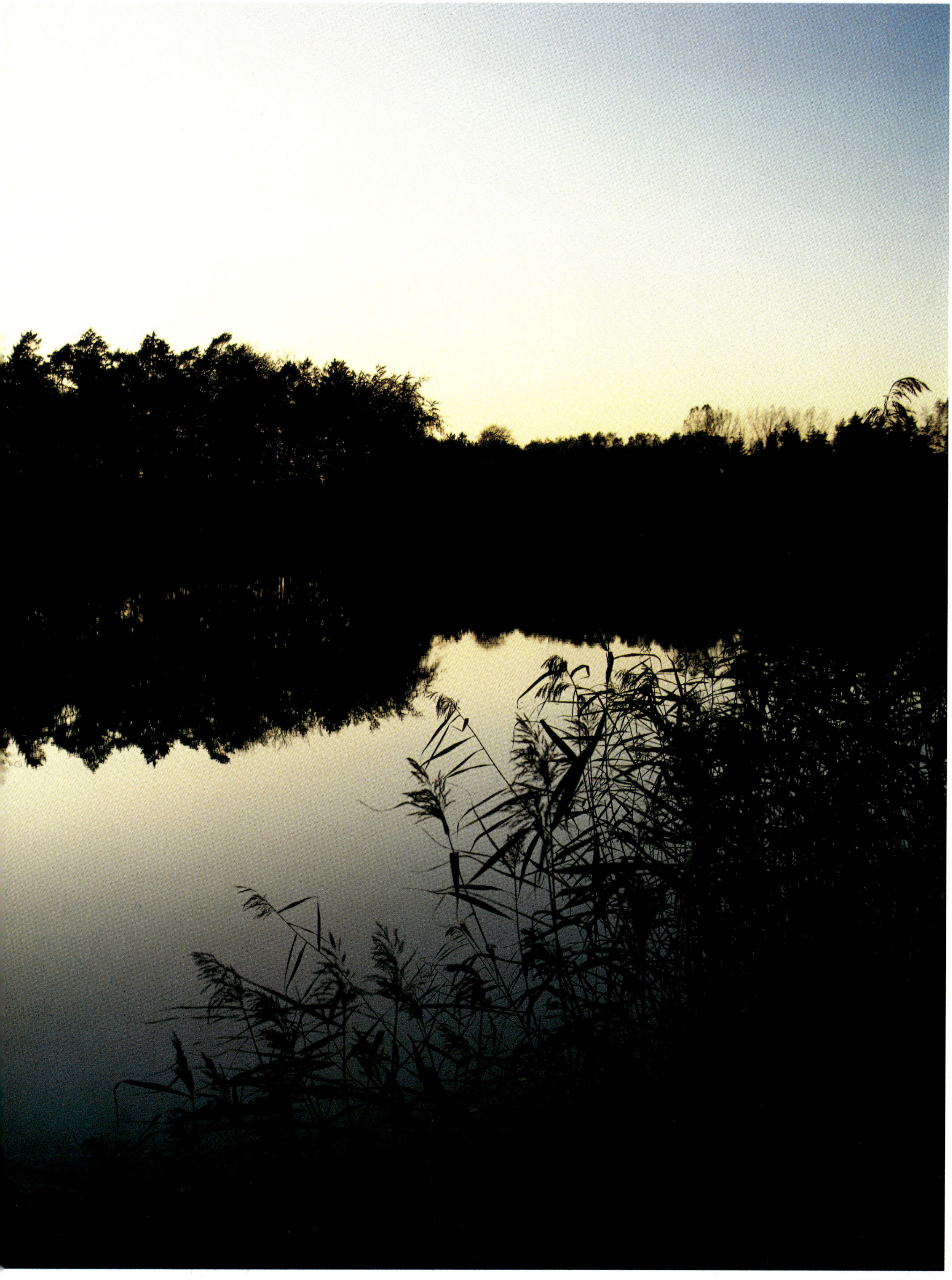

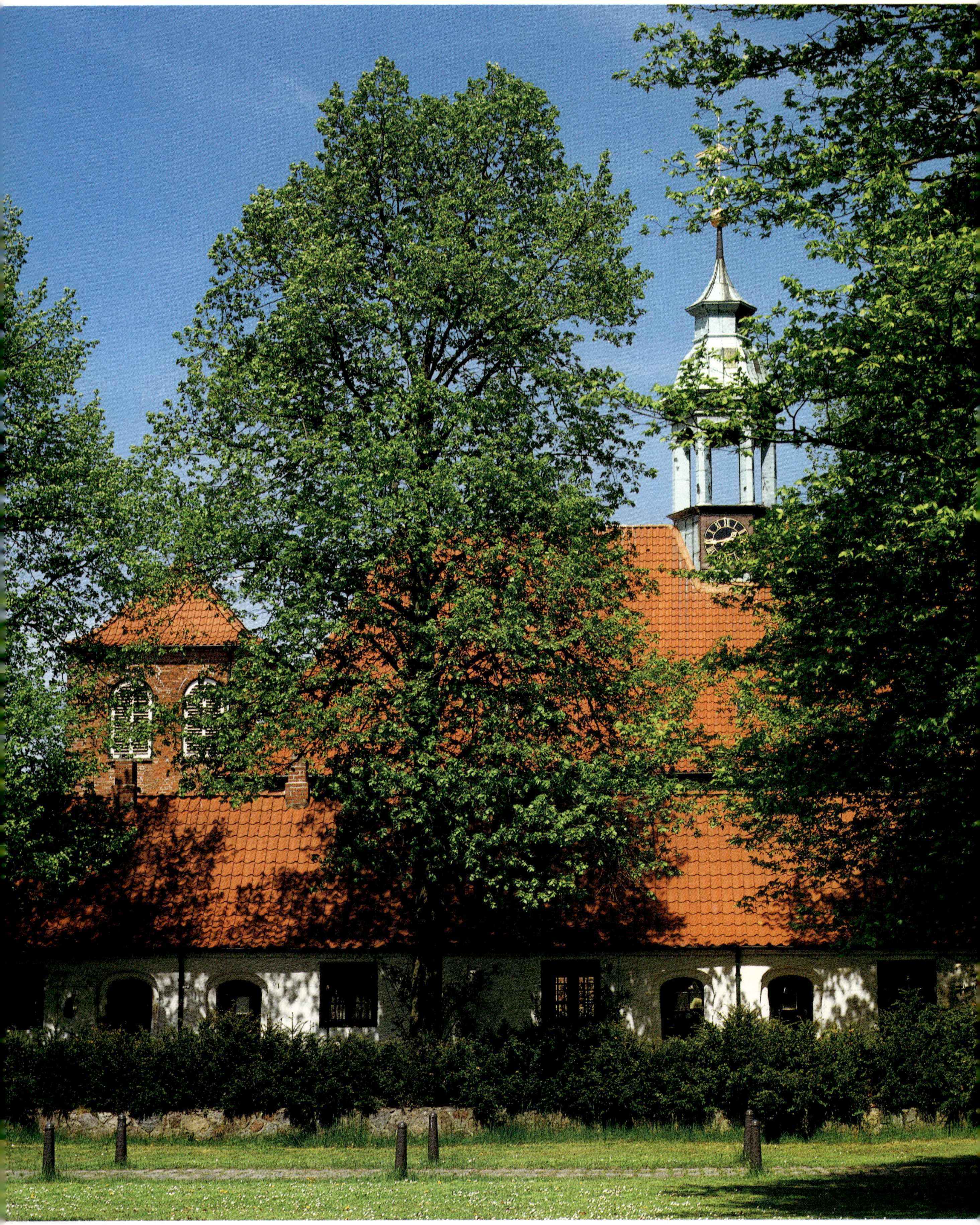

Kirchen in Stadt und Land

Stormarns Dorfkirchen laden zur Besinnung ein. Meist sind es schlichte Bauten in nordelbischer Tradition. Ihre Wurzeln reichen teilweise bis in das 12. Jahrhundert zurück, als die christliche Botschaft trotz intensiver Missionstätigkeit in der Bevölkerung noch wenig Gehör fand. Als Nachzüglerin blickt die Kirche von Woldenhorn, dem heutigen Ahrensburg, 1995 auf ihr 400jähriges Bestehen zurück.

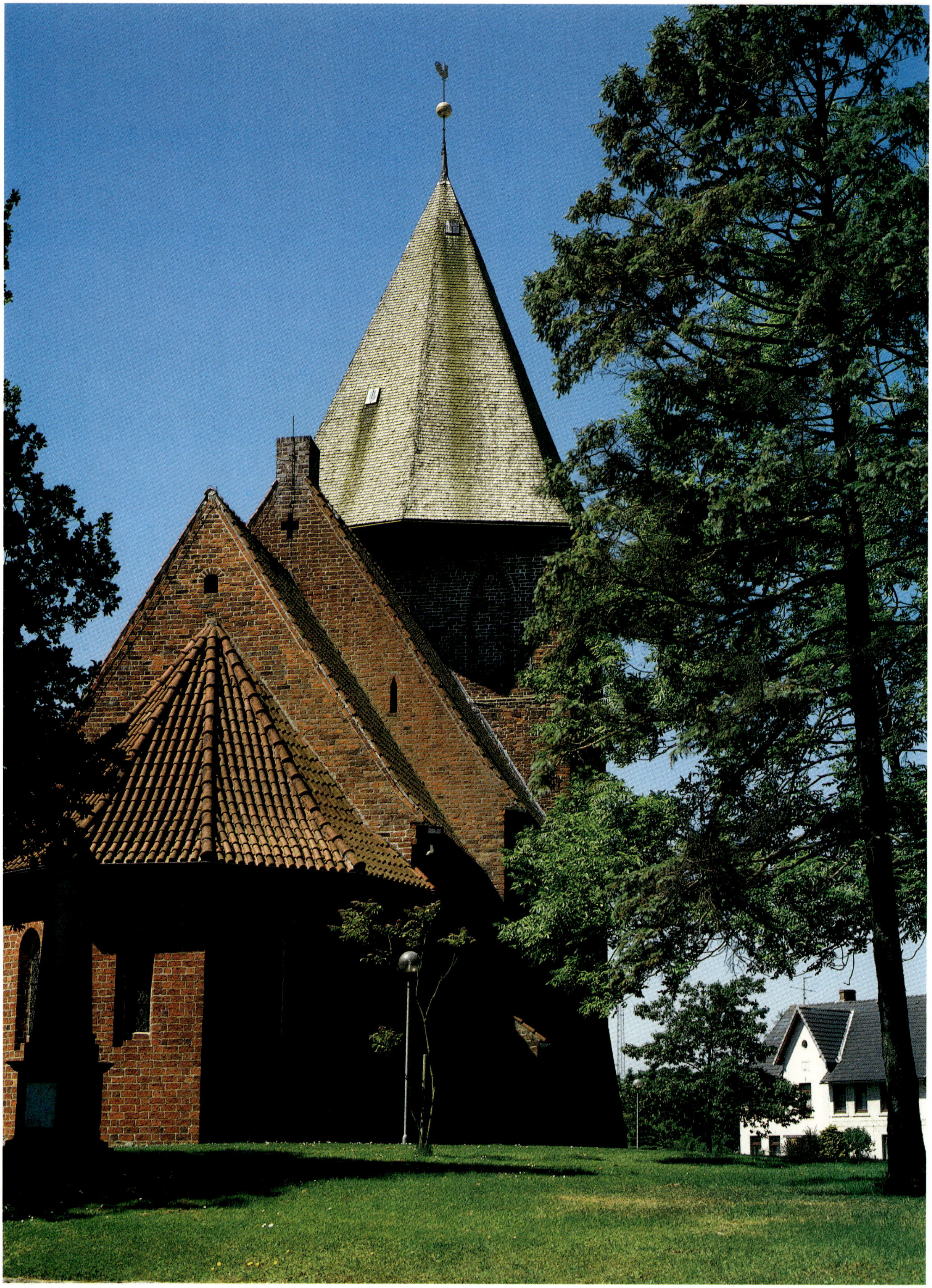

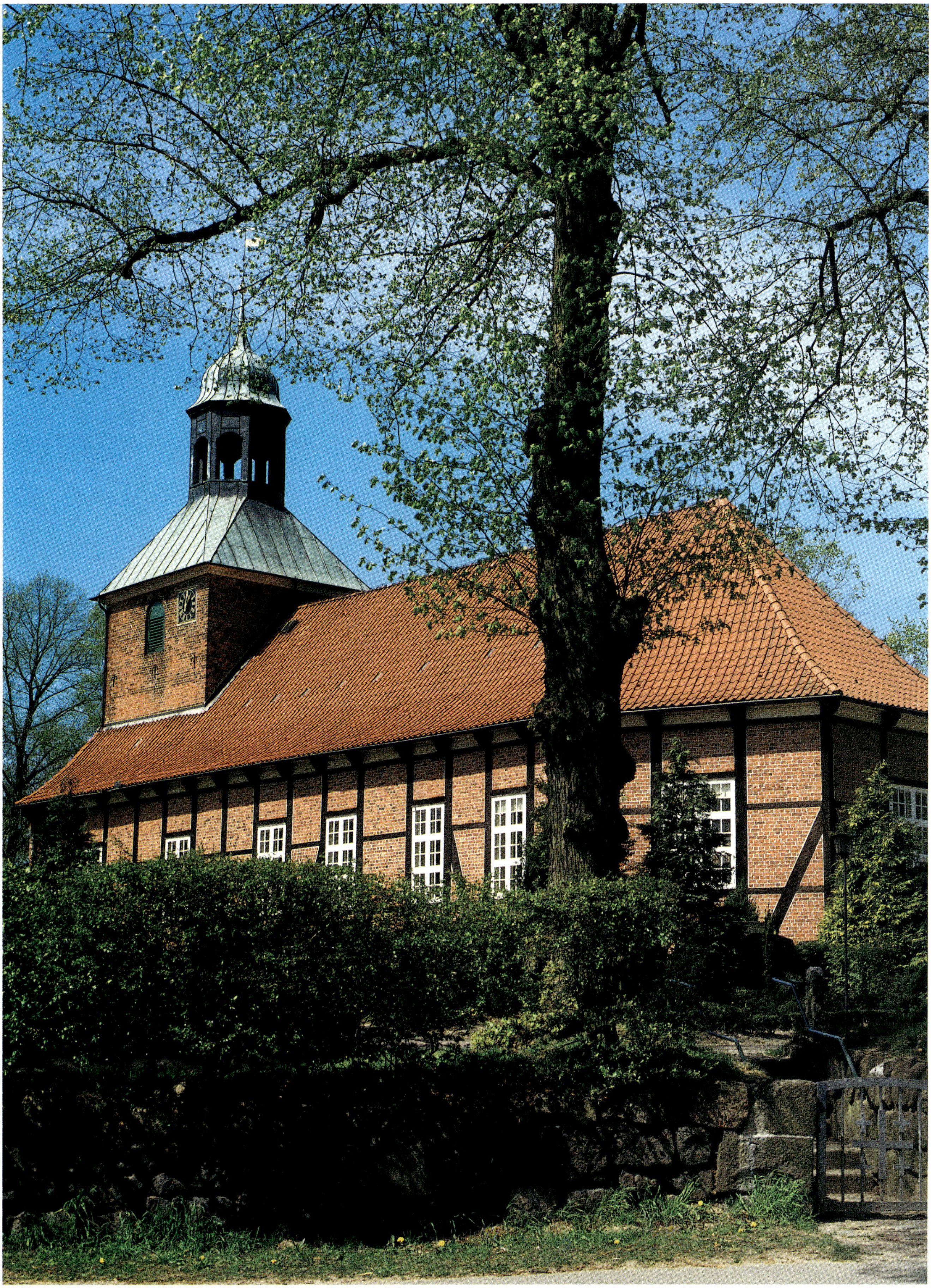

links: Obwohl die Anfänge der Oldesloer Kirche nach neueren Forschungen bis in die ersten Jahrzehnte des 12. Jahrhunderts zurückreichen, enthält die heutige Kirche keine alte Bausubstanz. Stadtbrände machten mehrfach einen Neubau notwendig. Ursprünglich war die Kirche allein St. Petrus geweiht, was auf Einflüsse aus Westfalen und dem Bremer Raum deutet. Stets machten hier Händler Station, zu deren geistlicher Versorgung einst die Kirche entstand. Später kam Paulus als zweiter Schutzpatron hinzu.

rechts: Keine Kirchengründung unseres Raumes ist so gut dokumentiert wie die der Trittauer Martin-Luther-Kirche. 1239 gab es hier eine Kapelle, die von Kirchsteinbek aus betreut wurde. Sie wurde 1248 zur Parochial-Kirche erhoben und versorgte die Einwohner von acht Dörfern. Nur noch das Feldsteinmauerwerk der Nordwand des Kirchenschiffs erinnert an jene Zeit.

Seite 100: Nach Ausweis einer Urkunde wurde die Zarpener Kirche 1221 gegründet. Diese Gegend gehörte bis 1582 dem Zisterzienserkloster Reinfeld, das auch die Kirchengründung betrieb. Nahezu der gesamte Klosterbesitz im Heilsau-Tal war zu Zarpen eingepfarrt. Ein Klosterbruder versah bis zur Säkularisierung den Pfarrdienst.

Seite 101: Das Kirchdorf Eichede liegt etwas abseits der großen Straßen, die Stormarn durchqueren. So hat sich hier ein traditionelles dörfliches Ensemble erhalten können, dessen natürlichen Mittelpunkt die Kirche bildet. Es handelt sich um einen schlichten Fachwerkbau aus den Jahren 1757/58. Das Kirchspiel reicht bis in die 1280er Jahre zurück, als dieser Raum besiedelt wurde.

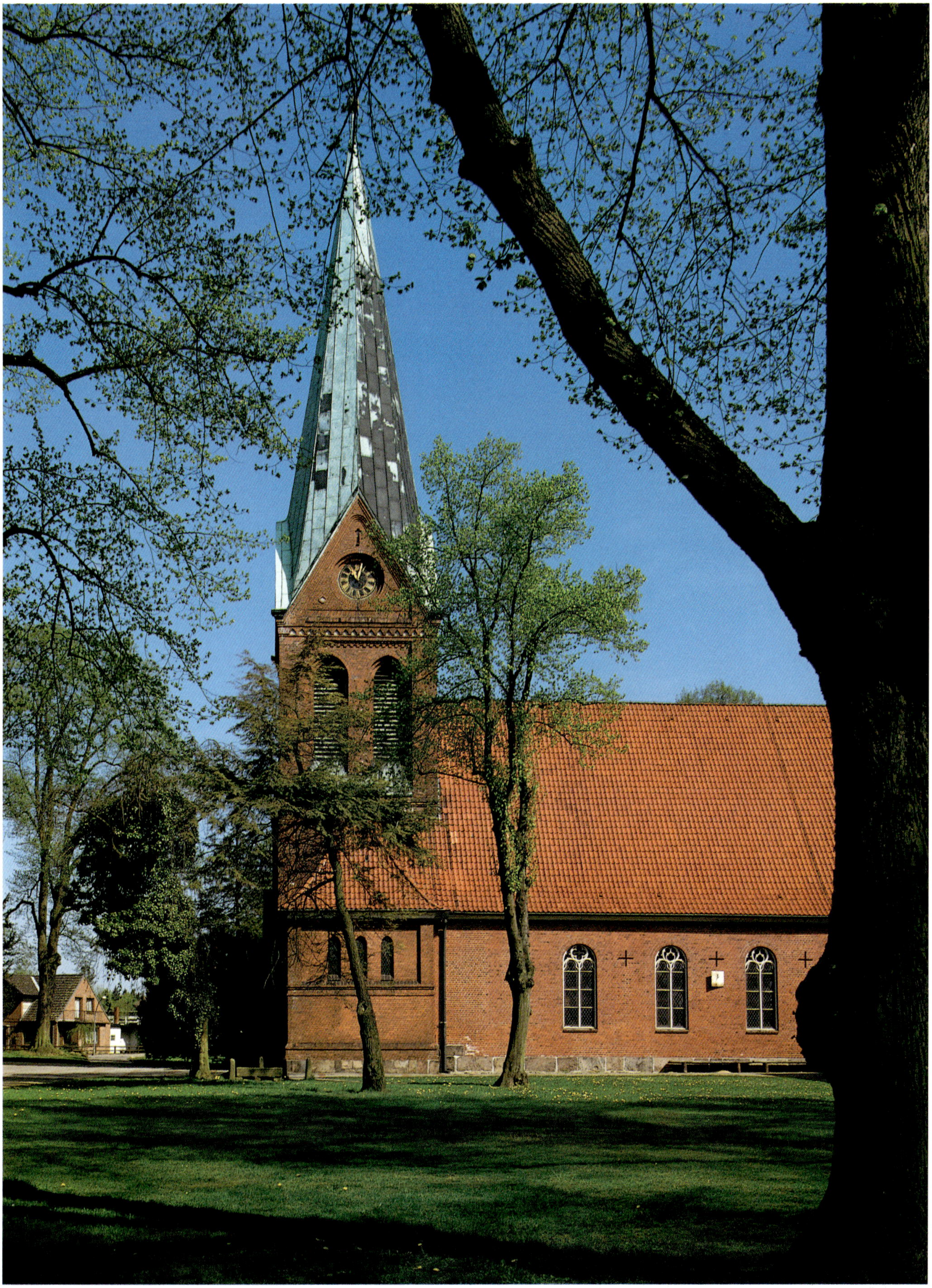

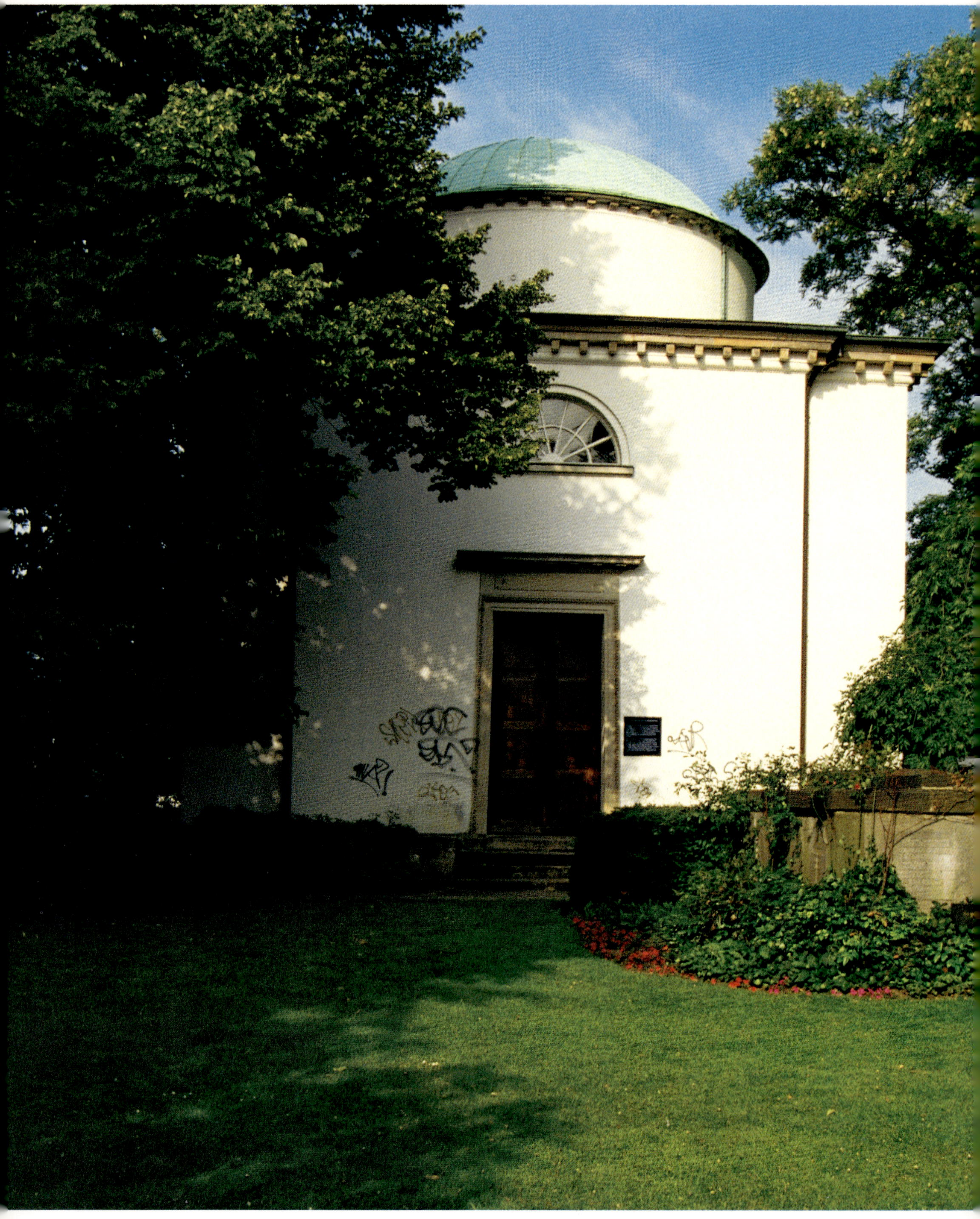

Verlorenes Stormarn

Hinter der Wandsbeker Christuskirche konzentrieren sich auf kleinstem Raum Erinnerungen, Sternstunden stormarnscher Geschichte. Im gegenseitigen Blickkontakt liegen die Gräber von Rebekka und Matthias Claudius vor dem architektonischen Glanzstück Wandsbeks, dem Schimmelmann-Mausoleum. Schimmelmann, pommerscher Preuße von Geburt, Unternehmer mit Handelsaktivitäten bis nach Afrika und Westindien, fand in einem klassizistischen Musterbau des Mailänder Architekten Giovanni Antonio Antolini seine letzte Ruhe.

*"Er entschlief; sie gruben ihn hier ein.
Leiser, süßer Trost, von Gott gegeben,
Und ein Ahnden von dem ew'gen Leben
Düft um sein Gebein."* Matthias Claudius

Die Damen und Herren des Stormarner Kreistages, der Kreisverwaltung, der Gemeindevertretungen oder Amtsverwaltungen – sie denken und handeln naturgemäß im Rahmen der bestehenden Kreis-, Gemeinde-, Amts- und damit Verwaltungsgrenzen. Wer jedoch Kommunalgeschichtsforschung betreibt und sich für das interessiert, was frühere Politiker- und Beamtengenerationen hinterlassen haben, muß in territorialpolitischen Schichten denken.

Das Stormarn von heute – das haben wir bereits betont – ist nicht zwangsläufig das von gestern. Was den Kommunalpolitiker heute nicht mehr zu scheren braucht, darf dem Historiker keinesfalls gleichgültig sein, und deshalb wollen wir hier jene 161 Quadratkilometer näher betrachten, die der Kreis Stormarn seit seiner Gründung im Jahre 1867 verloren hat.

Man schrieb den 1. April 1901, feierte Bismarcks Geburtstag und war mit einem Schlage wieder zu einem Landkreis im wahrsten Sinne des Begriffs geworden. Wandsbek war nach langen und zähen Verhandlungen „ausgekreist" worden, und Stormarn hatte damit seine städtische Komponente eingebüßt. Daß die Stadt im Vorhof Hamburgs bis 1943 weiterhin Kreistag und Kreisverwaltung beherbergte, war ein Kuriosum und politisch wie psychologisch unklug. Schon damals verlangten die Stormarnerinnen und Stormarner nach kommunaler Identität.

Wandsbek ist ein altes Stormarner Dorf, das 1296 erstmals urkundlich erwähnt wird. Das älteste Verzeichnis der Wandsbeker Bauern von etwa 1483 nennt nur vier Stellenbesitzer. Daneben gab es damals bereits einen separierten Hof, die Keimzelle des späteren adligen Gutes. Seit 1563 gehörte Wandsbek der ersten Adelsfamilie in Schleswig-Holstein, den Rantzaus.

Ein aus Dänemark emigrierter entfernter Verwandter des Statthalters Heinrich Rantzau, der Astronom Tycho Brahe, wohnte 1597/98 im Wandsbeker Gutshaus und betrieb seine Sternbeobachtungen. Hier erschien seine „Astronomiae instauratae mechanica", das erste in Wandsbek gedruckte Buch, das den Namen des Ortes weithin bekannt machte.

Zwei Faktoren waren es vor allem, die die weitere Entwicklung vorantrieben. Zum einen die Nähe zu Hamburg und damit verbunden die Anbindung an die über Rahlstedt nach Lübeck führende Handelsstraße. Die Tatsache, daß Wandsbek außerhalb des Hamburger Stadtgebietes lag, bot zum anderen weitere günstige Bedingungen. So siedelten sich hier allmählich Handwerker und kleine Gewerbetreibende an, die unter der Gutsobrigkeit nicht den sonstigen Beschränkungen unterworfen waren. Schon in der Zeit Heinrich Rantzaus entstanden an der Wandse mehrere Gewerbemühlen. Die alte Ölmühle steht noch heute.

Für die liberale Einstellung der Wandsbeker Gutsherren spricht auch die Tatsache, daß sich hier seit dem letzten Viertel des 16. Jahrhunderts Menschen jüdischen Glaubens ansiedeln durften. Es waren allerdings nur wenige Familien unter den etwa 300 Einwohnern, die im Gutsbezirk zu Beginn des 17. Jahrhunderts eine neue Heimat fanden.

Nach verschiedenen Wechselfällen erwarb 1762 der wohl reichste Mann im Königreich Dänemark das Gut, der Schatzmeister Heinrich Carl Schimmelmann. Für ihn war Wandsbek eine ideale Ergänzung seiner Besitzungen und Transaktionen in Ahrensburg und Hamburg. Konsequent setzte er die Politik der Ansiedlung gewerblicher Betriebe fort. Kattundruckereien entstanden, in denen zeitweilig bis zu 1.500 Menschen Arbeit fanden. Anstelle des alten Gutshauses errichtete er ein dreiflügeliges Schloß.

In Wandsbek wurde schon seit 1630 die erste in Holstein nachzuweisende Zeitung gedruckt. Erneut erregte das stormarnsche Dorf publizistisches Interesse, als hier unter Schimmelmanns Protektion Matthias Claudius zwischen 1771 und 1775 seinen „Wandsbecker Bothen" herausgab. Daß der Dichter hier auch seine große Liebe fand, die blutjunge Rebekka Behn, ist eingeweihten Lesern sicherlich kein Geheimnis. Hinter der Wandsbeker Kirche haben beide ihre letzte Ruhestätte gefunden.

Weniger bekannt, aber dennoch erwähnenswert ist die Tatsache, daß rund ein Jahrhundert später ein anderer junger Mann – er war Arzt, und sein Einfluß auf die Literatur sollte später nicht unerheblich sein – ebenfalls eine Wandsbekerin ehelichte. Die Angebetete hieß Martha Bernays, und ihr Verehrer ließ es sich nicht nehmen, mehrmals von Wien her anzureisen, um auf dem Wandsbeker Bahnhof herzlich empfangen zu werden.

Am 14. September 1886 wurde das Paar vom Wandsbeker Rabbiner Dr. David Hanover getraut, nachdem am Vortag auf dem Rathaus in der Königstraße die standesamtliche Trauung vollzogen worden war. Ihr Mann, der bislang recht erfolglos gewirkt hatte, sollte später als Begründer der Psychoanalyse Weltruhm erlangen. Die Rede ist von Sigmund Freud. Martha starb 1951 in London, wo sie und ihr Mann nach der Flucht vor den Nationalsozialisten Asyl gefunden hatten.

Bereits am 1. Oktober 1900 war das am Nordufer der Wandse gelegene Hinschenfelde nach Wandsbek eingemeindet worden. Die Geschichte dieses Bauerndorfes reicht bis 1306 zurück, als es dort einen Adelssitz gab. Im späten 15. Jahrhundert umfaßte es etwa sieben Bauernstellen unterschiedlicher Größe. Bis in die zweite Hälfte des 18. Jahrhunderts hinein war es auf zehn Stellen angewachsen.

1646 wurde das bislang zum Amt Trittau gehörende Dorf erstmals dem Gut Wandsbek angegliedert. Der stürmischen Entwicklung Wandsbeks hatte schließlich auch Hinschenfelde Tribut zu zollen. Es wurde mehr und mehr wirtschaftlich abhängig und verlor schließlich seine Eigenständigkeit.

Die Geschichte der Dörfer Jenfeld und Tonndorf verlief ähnlich. Auch sie gerieten in den Sog Wandsbeks und wurden 1927 mit Ausnahme kleinerer Gebietsteile, die an Rahlstedt fielen, in den Stadtkreis inkorporiert. Damit schieden sie aus dem Kreis Stormarn aus. Es waren alte Bauerndörfer, die bald nach dem Groß-Hamburg-Gesetz von 1937 ihren agrarischen Charakter verloren. Ihr heutiges Gesicht läßt die alten dörflichen Wurzeln kaum noch erahnen.

Die ganze kommunalpolitische Problematik einer solchen Randlage zur Metropole Hamburg läßt sich am Beispiel Billstedts in den 1920er Jahren verfolgen. Billstedt ist – nicht anders als das 1970 geschaffene Norderstedt – ein kommunalpolitisches Kunstgebilde, das am 2. Februar 1928 das Licht der Stormarner Welt erblicken sollte. Der bedeutende Kirchort Kirchsteinbek, das traditionelle Bauerndorf Öjendorf und das proletarische Schiffbek wurden zusammengelegt.

Hintergrund war jener „Kalte Krieg an der Elbe", den Preußen und Hamburg in den 1920er Jahren vehement ausfochten, weil beide deutsche Bundesstaaten sich in der Groß-Hamburg-Frage absolut unversöhnlich gegenüberstanden. Durch die Schaffung leistungsfähiger Großgemeinden wollte man preußischerseits dem Expansionsdrang der Hansestadt Paroli bieten. Keine zehn Jahre war es Billstedt vergönnt, als selbständige Gemeinde zu bestehen. 1937 wurde es Hamburg zugeschlagen.

Kirchsteinbek, Öjendorf und Schiffbek waren alte Stormarner Dörfer gewesen, deren Entwicklung jahrhundertelang scheinbar kaum Besonderheiten aufwies. Doch bei näherem

Man (und frau) stellt sich in Pose, als 1912 der Photograph in der Böhmeschen Schmiede an der Volksdorfer Straße (heute Walddörfer Straße) in Hinschenfelde in Aktion tritt. Seit 1900 gehörte das Dorf zur Stadt Wandsbek, die ein Jahr später aus dem Kreis Stormarn ausschied.

Traditionelles dörfliches Handwerk findet man meist nur noch in Museen. Die Ortskundliche Sammlung in Bargteheide hat mehrere Werkstätten nachgestaltet.

Hinsehen lassen sich dennoch kleine landes- und stormarngeschichtliche Edelsteine entdecken. So erscheint in Schiffbek seit 1730 der „Schiffbekker Correspondent", der später als „Hamburger Correspondent" fortgeführt wird. Schiffbek wird zu einem Glanzpunkt des frühen schleswig-holsteinischen Zeitungswesens und somit weithin bekannt.

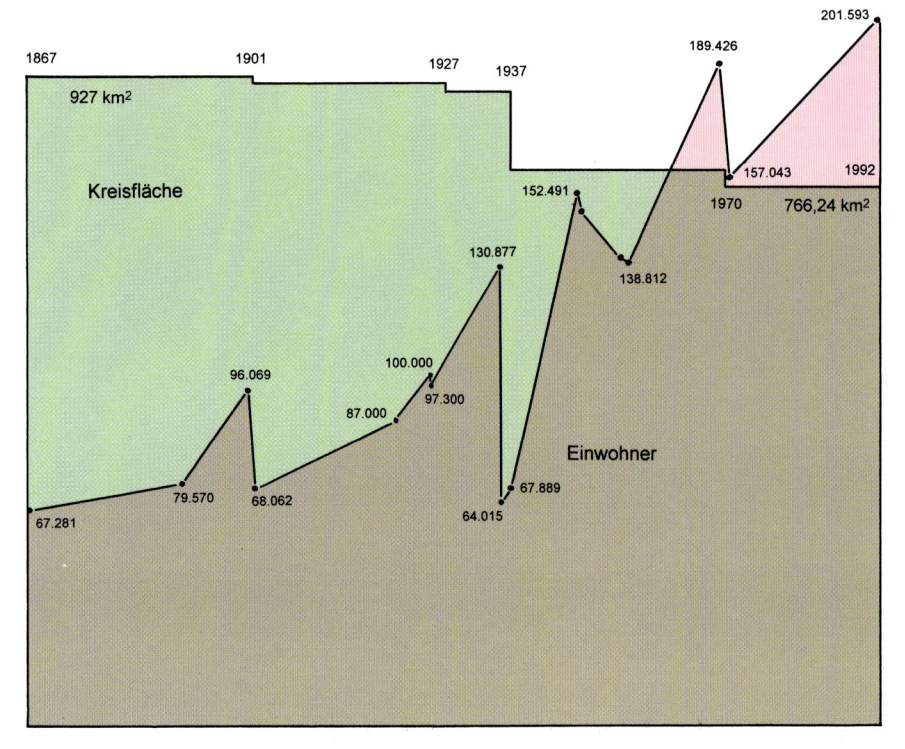

oben: Kreisfläche und Kreisbevölkerung seit 1867

Eine ähnliche, wenn auch zweifelhafte Berühmtheit erlangte das benachbarte Kirchsteinbek. Die dort vor allem im 17. Jahrhundert betriebene Münze war aufgrund der schlechten Qualität der dort geschlagenen Geldstücke ins Gerede gekommen und mußte schließlich eingestellt werden.

Doch Buchdruck und Münze weisen auf die vorindustriellen Traditionen dieser verkehrsgünstig gelegenen Dörfer hin. Im 19. Jahrhundert trat eine stürmische Entwicklung ein, die Schiffbeks Einwohnerzahlen sprunghaft ansteigen ließ. Noch stärker als in Wandsbek und Hinschenfelde siedelten sich dort Arbeiter an. Das Dorf erhielt ein durch und durch proletarisches Profil, so daß in Stormarn vom „roten Schiffbek" gesprochen wurde. Folglich wurde der Ort zu einem dramatischen Schauplatz des kommunistischen Aufstandes von 1923. Heftige Kämpfe tobten hier. Es gab zahlreiche Tote und Verwundete, und für einige Tage hieß Schiffbek „Klein Moskau".

Boberg und Lohbrügge, Bramfeld und Steilshoop, Alt- und Neu Rahlstedt, Wellingsbüttel, Poppenbüttel und Hummelsbüttel, Bergstedt, Sasel, Lemsahl-Mellingstedt und Duvenstedt trugen 1937/38, zur Zeit des Groß-Hamburg-Gesetzes, noch ein unverkennbar bäuerliches Gepräge. „Reichserbhöfe" bestimmten das dörfliche Bild. Daß sie schon bald von einer großstädtischen Bebauung überwuchert oder zum Vorgarten der nahen Metropole werden sollten, daran mochten die Dorfbewohner vielleicht gerade damals nicht glauben, war in der braunen Propaganda doch mehr vom Bauerntum als vom Stadtbürger die Rede.

Die früheren Stormarner Dörfer und heutigen Stadtteile haben eines gemeinsam: Ihre Wurzeln reichen weit in die Geschichte zurück. Sie alle gehören zum Stormarner Altsiedelland, jenem historischen Kernland, das schon im frühen 12. Jahrhundert eine wichtige Rolle spielte. Ortsnamen, die auf -büttel oder -stedt enden, verkünden eine mehr als tausendjährige Siedlungstradition. Hier gab es meist kleine Höfegruppen, auf denen jahrhundertelang mehr schlecht als recht menschliches Dasein gefristet wurde.

Später fielen den stadtnahen Dörfern neue Funktionen zu. Sie hatten die Elbmetropole Hamburg zu versorgen, und zwar sowohl mit Nahrungsmitteln als auch mit Zuwanderern. Zudem dienten diese Dörfer als Anlageobjekte: Hamburger Kaufleute investierten ihre Gewinne in sichere Liegenschaften mit beständigen Rentenerträgen. Wohlgemerkt – wir sprechen vom Mittelalter, auch wenn sich in dieser Hinsicht bis heute im Prinzip nicht viel geändert haben mag.

Je mehr Hamburg in diesem Jahrhundert expandierte, desto stärker geriet auch das unmittelbare Stormarner Umfeld ins urbane Visier. Je nach Standortqualität kamen und kommen die Ortschaften des Nachbarlandes als Mülldeponie, Naherholungsgebiet, Freiraum für Gewerbeansiedlung, Schlafgemeinde oder Trinkwasserreservoir in Betracht.

Wie ein Moloch frißt sich die Millionenmetrople voran. Was vor 100 Jahren und mehr in Wandsbek begann, setzte sich im frühen 20. Jahrhundert in Schiffbek oder Bramfeld fort, und heute sind Reinbek, Barsbüttel, Ahrensburg oder Bargteheide an der Reihe. So werden Dörfer in Stadtteile verwandelt. Lokale Besonderheiten verschwinden hinter gleichmachenden Fassaden. Gewinnt die Stadt, verliert das Land an Substanz und damit der zugehörige Landkreis. Ist Stormarn dabei, das Schlafzimmer Hamburgs zu werden?

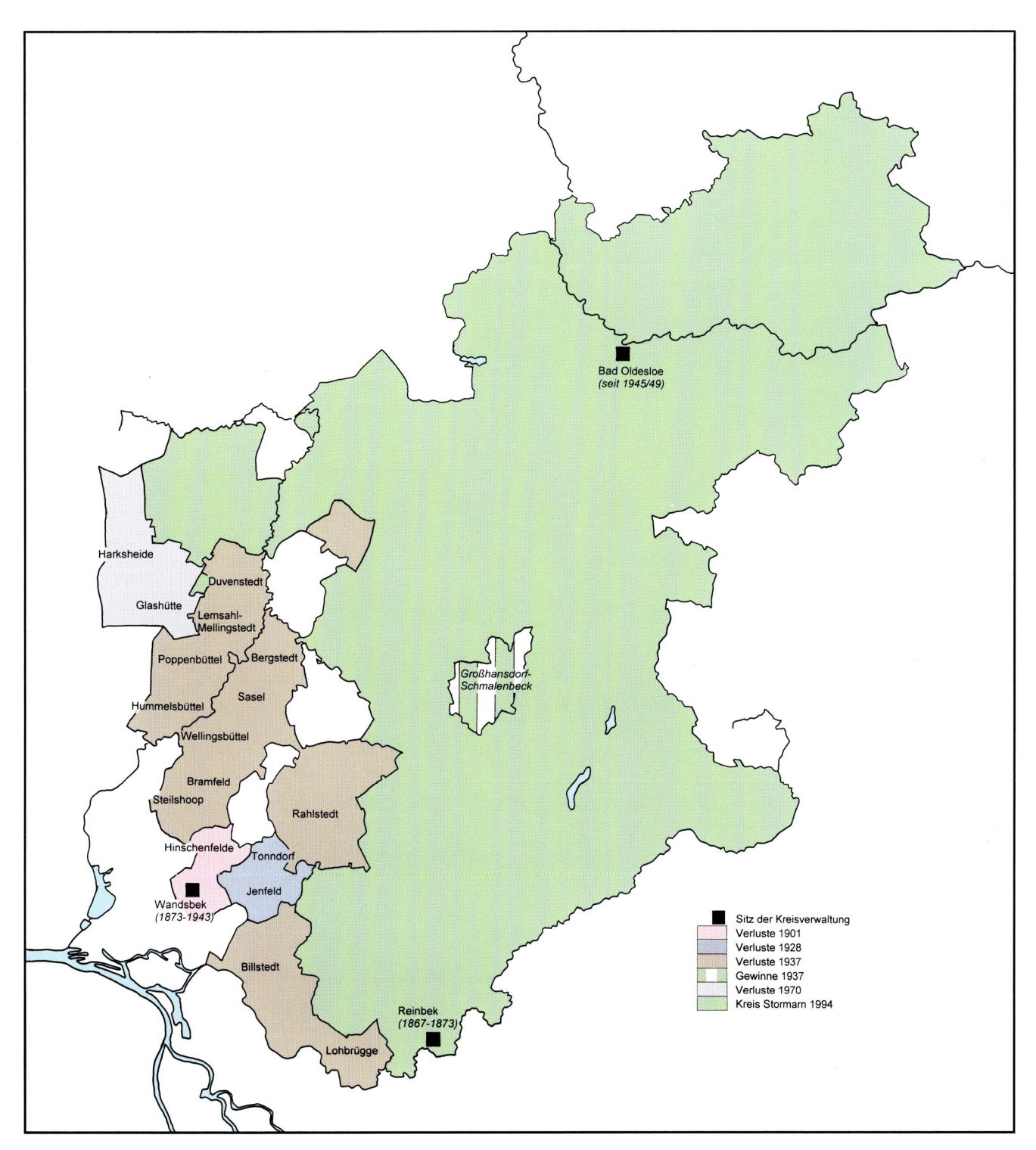

Stormarner Gebietsverluste in diesem Jahrhundert.

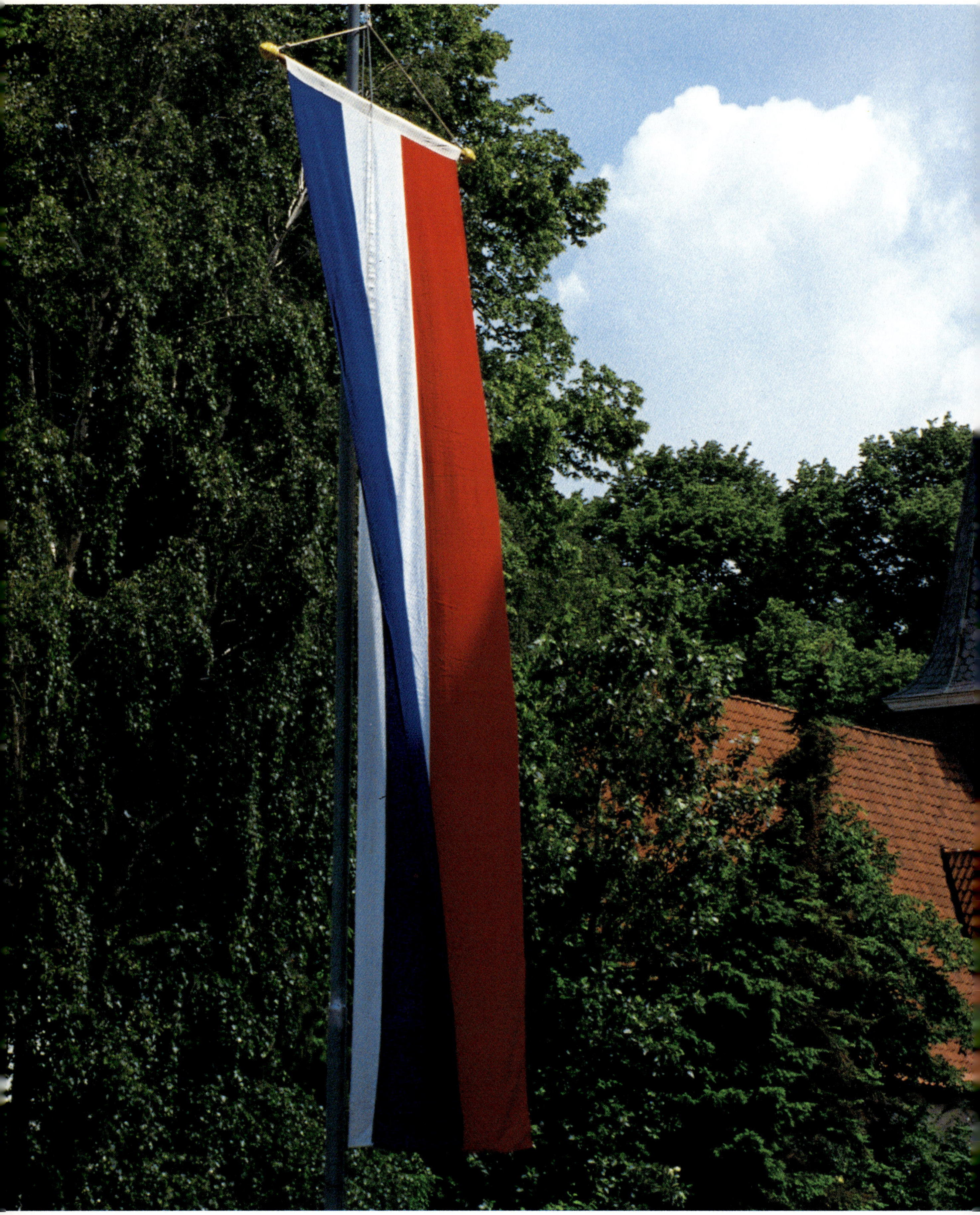

Stormarn in Europa

Bund, Länder und Gemeinden – wir haben uns längst an diese Formel gewöhnt (in der von Gemeindeverbänden, den Kreisen, gar nicht die Rede ist), wenn es in den täglichen Nachrichten um politische Kompetenzstreitigkeiten, Finanznöte oder andere Sorgen der Nation geht. Inzwischen ist Europa als neue Größe hinzugetreten. Doch wird ein Landkreis wie Stormarn in der großen Ländergemeinschaft seine Position behaupten können?

Landrat Friedrich Knutzen (1881-1938). In den 1920er Jahren galt er als einer der besten Landräte in Preußen. Die Groß-Hamburg-Problematik forderte seinen Sachverstand immer wieder. Denn ihm schwebte eine menschenwürdige Städte- und Regionalplanung vor: *"Es muß ausgeschlossen werden,"* schrieb er 1922 in einer Denkschrift, *"daß sich das Häusermeer der Großstadt mehr oder weniger geregelt in die bisher ländlichen Gebiete vorschiebt, ... sondern die Ausdehnung der Weltstadt in die Landbezirke muß vorbereitet und geleitet werden nach den Gesetzen der Schönheit, der Zweckmäßigkeit, der Volksgesundheit und unter tunlichster Ausschaltung beutegieriger Spekulanten, kurz: nach in erster Linie dem Gemeinwohl dienenden Plänen und Gesetzen."*

Ahrensburgs Amts- und Gemeindevorsteher war ein glücklicher Mann, als er Mitte der 1920er Jahre auf seine Ortschaft blickte und stolz feststellte: *"Von einer rein ländlichen Gemeinde hat sie sich zu einem Villenvorort vornehmen Charakters entwickelt, hat einen vollendeten Bebauungsplan, der nur Wohngebiete berücksichtigt, und entsagt jeder Niederlassung von Industrie."*

Ja, das war (noch) das alte Ahrensburg und das alte Stormarn, der idyllische Landkreis, den man mit Wehmut auf alten Postkarten oder Fotos wiederentdecken kann. Es war – salopp gesprochen – das vorindustrielle Stormarn, das aufgrund seiner Nähe zu Hamburg zwar einem belastenden Siedlungsdruck ausgesetzt war, aber den Menschen, die sich hier ansiedeln wollten, kaum Arbeitsmöglichkeiten eröffnete.

Bezeichnenderweise hatte Stormarn nach Wandsbeks Ausscheiden im Jahre 1901 auch nur eine Stadt, nämlich die verträumte Ackerbürgerstadt Oldesloe. Heute gibt es im Kreisgebiet 6 Städte, und außer unserer Trave- und Kreisstadt haben alle übrigen ihr Stadtrecht aus guten Gründen erst ab 1949 erhalten.

Spätestens mit dem Groß-Hamburg-Gesetz von 1937 erfolgte ein Umdenken. Wollte man Stormarn lebensfähig erhalten und gegenüber der Elbmetropole ein wirtschaftliches Eigengewicht aufbauen, so bedurfte es einer gezielten Gewerbe- oder Industrialisierungspolitik. Im Raum Glinde entstanden – als Folge der Hitlerschen Rüstungspolitik – erste größere Industrieansiedlungen.

Nach dem Krieg, als Stormarns Gemeinden aufgrund von Flucht, Vertreibung und Ausbombung ihre Einwohnerzahlen durchschnittlich verdoppelt hatten, wurde Stormarn zwar zu einem typischen Auspendler-Kreis, aber dennoch begann man nun, dieser sozial-ökonomischen Monokultur durch eine energische Gewerbeansiedlungspolitik entgegenzuwirken.

Wer heute von Entwicklungsachsen, Achsenzwischenräumen, Stadtrandkernen 1. und 2. Ordnung, zentralen Orten oder Mittel- und Unterzentren hört, weiß vielleicht, daß er es mit dem sogenannten Achsenmodell zu tun hat, einem Thema, mit dem man Kommunalpolitiker sicherlich genauso zur Verzweiflung bringen kann wie Schüler der gymnasialen Oberstufe.

Doch wer ahnt schon, daß all die großartigen raumplanerischen Zielsetzungen, von denen man in schöner Regelmäßigkeit in den Kreisentwicklungsplänen lesen oder Kreistagssitzungen hören kann, eigentlich schon längst zu den kommunalpolitischen Evergreens gehören. Das Achsenmodell, das Hamburgs unvermeidliche Ausuferung primär in die schienengebundenen Verkehrsadern kanalisieren will, stammt von dem bekannten Architekten und Hamburger Städteplaner Fritz Schumacher, der es in den 20er Jahren ausformulierte und unermüdlich propagierte.

Doch das Kind einer geordneten Raum- und Regionalplanung im Hamburger Umland kennt noch einen anderen Vater: Stormarns großen Landrat der Weimarer Republik – Friedrich Knutzen. Er steht am Beginn einer Entwicklung, in der es bis heute darum geht, die Großstadt und das

Umland, Siedlungsprozesse und Landschaftsverbrauch, Arbeiten und Wohnen, Verkehr und Naherholung, letztlich den Menschen und die Natur aufeinander abzustimmen, gegeneinander abzuwägen, womöglich miteinander zu versöhnen.

In der Tat, es geht um große Dinge, um die Philosophie unseres Daseins, um den Garten der Menschlichkeit, den zu errichten wir seit biblischen Zeiten aufgefordert sind, wenn wir über Regional- oder Kreisentwicklung entscheiden. Gerade die Stormarnerinnen und Stormarner (und nicht nur sie) verlangen viel von ihrem Kreis. Vielleicht sogar die Quadratur des Kreises?

Denn im Idealfall möchte man hier arbeiten, einkaufen, wohnen, günstige Verkehrsanbindungen in Anspruch nehmen, Ver- und Entsorgungen aller Art geregelt wissen, Schule, Bildung und Kultur erleben, sich erholen, in Sicherheit leben, seine Ruhe haben, die Natur genießen sowie Landschafts- und Naturschutzgebiete um sich wissen.

Das erfordert politischen Weitblick und verantwortungsbewußte Entscheidungen, und mit Platon möchte man wünschen, daß es nur die Besten seien, die sich der entsprechenden kommunalen Fragen annehmen. Denn genaugenommen geht es um beängstigend existentielle Fragen.

Wem daran liegt, daß sich die Zukunft weiterer Generationen nicht in menschenunwürdigen Ballungsräumen und zersiedelten Landschaften abspielt, wird die Voraussetzungen für intakte soziale Gemeinschaften zu schaffen haben. Das Dorf, die Vorstadtsiedlung, die Klein- oder Mittelstadt, also die „örtliche Gemeinschaft", von der das Grundgesetz in Artikel 28 spricht und der es dazu verhilft, alle Angelegenheiten „in eigener Verantwortung zu regeln", sind hier letztlich zum Handeln aufgerufen und mit ihnen der Kreis, der Ausgleichsfunktionen wahrnehmende Verband der Gemeinden.

Wohnen zwischen Rapsfeld und Wald bei Schönningstedt. Langfristig kann ein solches Ensemble nur überleben, wenn es den Schutz einer verantwortungsvollen Regional- oder Kreisentwicklungsplanung genießt.

Stormarn ein Wachstumskreis? Ja und nochmals ja. Es sind an die 30.000 Menschen, die innerhalb eines jeden Jahrzehnts in den Kreis ziehen und ziehen werden. Pro Dekade entspricht das der Bevölkerung von Ahrensburg. Die ins Haus stehende Norderweiterung der Europäischen Union, der damit verbundene Binnenmarkt und die Wiedervereinigung von 1989/90, die ja primär eine europäische war, haben Stormarn endgültig aus dem Zonenrandgebietsschlaf gerissen, der ohnehin nicht viel mehr war als nur ein leichtes Vor-sich-hin-dösen.

Der Raum zwischen Hamburg und Lübeck ist endgültig wieder zu einer pulsierenden Brücke zwischen Mittel- und Nord- wie auch Nordosteuropa geworden. Hamburg, Ahrensburg, Bargteheide, Bad Oldesloe, Reinfeld und Lübeck sind die Perlen an einem Entwicklungsstrang, der längst dabei ist, zu einer urbanen Region zu werden.

Sind Kommunal- und Parteipolitik, Kreisverwaltung, Instanzen der Regional- und Landesplanung und die zuständigen Landesregierungen diesen großen historischen Prozessen gewachsen? Kann man überhaupt verhindern, daß die Landschaft Stormarn vielleicht schon bald ganz verschwunden sein wird, daß Stormarn bereits in naher Zukunft nicht viel mehr sein wird als ein florierender Teil jener „Region" oder jenes „Großraumes Hamburg"?

Es scheint wie in den ersten stürmischen Tagen und Jahren stormarnsch-preußischer Kommunalpolitik zu sein. Politiker und Verwaltung – sie sind nicht zu beneiden und versuchen zumindest, den großen Herausforderungen unserer Zeit gerecht zu werden. Und da auch sie nur Menschen sind, machen

113

Das Gewerbegebiet bei Siek. Stormarn ist auf dem Weg, im zusammenwachsenden Europa Teil einer pulsierenden Wirtschaftsregion zu werden. Und dennoch: Rauchende Schlote sucht man vergeblich. Inmitten blühender Rapsfelder entwickeln sich mittelständische Betriebe des produzierenden Gewerbes und der Dienstleistung. Als Landkreis zwischen den Hansestädten Hamburg und Lübeck hat Stormarn interessierten Investoren viele Standortvorteile zu bieten. Aber wie steht es um die Landwirtschaft, deren Felder hier so wohlbestellt sind?

sie Fehler oder erliegen den Verlockungen des Fortschritts oder der Macht, aber ohne sie wäre der sogenannte Fortschritt vielleicht gar keiner. Denn Kommunalpolitik ist nicht nur die vielbeschworene Schule der Demokratie, eigentlich ist sie schon das Leben mit seinem komplexen Alltag.

Wäre der Begriff der „Planwirtschaft" nicht politisch diskreditiert und historisch vergeben, man möchte ihn der Wirtschafts- und Aufbaugesellschaft Stormarn (WAS) feierlich überreichen. Seit 1957 betreibt diese GmbH, deren Gesellschafter der Kreis Stormarn, die Landesbank und Girozentrale Kiel sowie die Sparkasse Stormarn sind, eine gezielte Gewerbe- und Industrieansiedlung für unseren Kreis. Gewerbeflächen werden gesucht, ausgewählt, erworben, erschlossen, investitionsbereiten Firmen angeboten und der unternehmerischen Initiative somit im wahrsten Sinne des Wortes der Boden bereitet.

Daß der Startschuß 1957 erfolgte, war kein Zufall. Zwei Jahre zuvor war der „Gemeinsame Landesplanungsrat Hamburg/Schleswig-Holstein" gegründet worden, womit der politische und länderübergreifende Wille, das Achsenmodell in die Tat umzusetzen, institutionalisiert wurde. Mit der WAS sollte nun eine planmäßige Standortpolitik in Stormarn eingeleitet werden.

Und in zunehmendem Maße verfügte der Kreis Stormarn über ein Kapital, mit dem sich durchaus wuchern ließ. Womit beispielsweise preist sich die WAS heute bei interessierten Unternehmen im In- und Ausland an? Da sind zunächst die günstigen Verkehrsanbindungen, vor allem die Autobahnen Hamburg-Lübeck und Hamburg-Berlin sowie die B 404.

Werben läßt sich aber auch mit der großen Zahl von Berufspendlern und dem Potential qualifizierter Arbeitskräfte, das durch den Zuzug aus den Metropolen genauso gewährleistet ist wie durch freigesetzte Arbeitsplätze aus der Landwirtschaft. Und drittens sind es Freizeit und Erholung: die reizvolle Stormarner Landschaft, die gute Anbindung an die Ostsee und das Kulturangebot der größeren und ganz großen Städte.

Ist das nur Werbung? Nicht ohne Stolz hält die WAS ihren Kritikern eine Bilanz entgegen, die sich – je nach politischem Standpunkt – sehen oder vielleicht auch nicht sehen lassen kann. In 35 Jahren gelang es immerhin, rund 600 Unternehmen anzusiedeln und damit fast 31.000 Arbeitsplätze entstehen zu lassen. Und natürlich blieben positive Auswirkungen auf die Infrastruktur der Gemeinden, das dortige Gewerbe oder den lokalen Handel nicht aus.

Daß Stormarn heute die Wirtschaftsregion Nr. 1 in Norddeutschland ist, daß der Kreis zudem über eine ausgesprochen gesunde und vielseitige Wirtschaftsstruktur verfügt, hängt unter anderem mit diesen Aktivitäten zusammen. Mittlerweile konzentrieren sie sich auf 10 Gemeinden: Ahrensburg, Bad Oldesloe, Bargteheide, Barsbüttel, Glinde, Oststeinbek, Reinbek, Reinfeld, Siek und Trittau.

Aber – so verspricht uns die WAS – alle Gewerbegebiete zusammengenommen (ca. 450 ha), nähmen nur 0,68 % der Kreisfläche in Anspruch, und – wo Gewerbeflächen entstünden, würden ökologische Ausgleichsflächen geschaffen, *„die von uns nach abgestimmten Grünordnungsplänen gestaltet, bei Bedarf aufgeforstet und dann ‚an die Natur zurückgegeben' werden."*

„Ist das nicht zu schön, um wahr zu sein?" wird vielleicht manch eine Leserin oder ein Leser fragen. Da wir auch nicht ganz sicher waren, haben wir bei Frau Vera Seier, der WAS-Geschäftsführerin, einmal persönlich Rat eingeholt: „Sind Sie, Frau Seier, in der Lage, die Quadratur des Kreises in den Griff zu bekommen, wenn es darum geht, bei der Gewerbeansiedlung Ökonomie und Ökologie miteinander zu versöhnen?"

Folgende Antwort erhielten wir: *„Eine ‚Quadratur des Kreises' versuchen wir im Rahmen der Wirtschaftsförderung nicht, denn das würde bedeuten, daß eine harmonische Verbindung von Wirtschaft und Ökologie unmöglich wäre. Wir sind davon überzeugt, daß die Metropolregion Hamburg, die weitgehend die Wirtschaftsstruktur und Wirtschaftsentwicklung unseres Kreises bestimmt, auch in Zukunft einer der stärksten Wirtschaftsstandorte Nordeuropas sein wird.*

Wir wissen aber auch, daß wirtschaftliche Entwicklung nicht isoliert zu sehen ist – sie ist Voraussetzung und Folge der politischen und sozialen Entwicklung. Wir müssen daher allen Bereichen, die unsere Lebensqualität bestimmen, die gleiche Bedeutung zumessen.

Eine weitere wirtschaftliche Entwicklung muß eng verbunden sein mit dem Ausbau der Verkehrswege und der Schaffung von Wohnraum, um Arbeiten und Wohnen wieder zusammenzuführen. Darüber hinaus müssen Aspekte der Ökologie und des Naturschutzes von vornherein in die Wirtschaftspolitik integriert werden. Nur so ist eine Harmonisierung von Wirtschafts-, Sozial- und Umweltbelangen denkbar. Vielleicht ist Ihr Begriff von der ‚Quadratur des Kreises' umzusetzen in den Begriff eines ‚umweltverträglichen Wirtschaftens'."

„I have a dream" – Wir danken Frau Seier und überlegen, wovon eigentlich ein Landrat träumt, wenn er Stormarn in Europa vor Augen hat. Denkt er vielleicht insgeheim und sehnsuchtsvoll an jene vielbelächelten Zeiten deutscher Kleinstaaterei, als sich Landschaften, Regionen, Ländchen und Länder kraftvoll entwickelten, weil der Kaiser ein ehrenwerter Mann, aber weit weg war?

Stormarn in Europa – da drängen sich Fragen auf. Ist hier nicht auf vielen Gebieten radikales Umdenken vonnöten? Sind moderner europäischer Gedanke und kommunale Selbstverwaltung, das große Erbe des untergegangenen preußischen Staates, nicht

Gewerbeansiedlung in Stormarn. Das WAS-Team in Aktion: Geschäftsführerin Vera Seier (2. v. l.) gibt die Richtung vor. Zwischen 1989 und 1993 wurden von der Wirtschafts- und Aufbaugesellschaft Stormarn insgesamt 154 Unternehmen neu angesiedelt. Davon kamen 81 aus Hamburg und anderen Teilen Deutschlands oder Europas. 73 Unternehmen stammten aus Stormarn.

Auf dem Ahrensburger Markt. Europa in Stormarn - Stormarn in Europa und in der Welt: Es begann mit italienischen Eisdielen in den 60er Jahren. Italienische, chinesische, griechische, türkische und andere internationale Restaurants folgten. Fremde (Eß-)Kulturen, Waren, Dienstleistungen, Gebräuche, Arbeitskollegen, Nachbarn, Freunde oder Touristen aus aller Welt gehören heute längst zum Alltag vieler Stormarnerinnen und Stormarner.

Vor dem Stormarner Kreistag: Kreispräsident Priemel vereidigt im März 1990 Landrat Hans Jürgen Wildberg. Kreistag, Kreisausschuß und Landrat - auch dieses sind „Erfindungen" des preußischen Kommunalrechts. Am 21. Dezember 1868 tagte der Stormarner Kreistag das 1. Mal. In der Wahlzeit 1990-94 kamen der Kreistag, seine Fachausschüsse sowie der Kreisausschuß zu insgesamt 375 Sitzungen zusammen. In den 18 Kreistagssitzungen ging es um nichts Geringeres als die Belange der modernen Selbstverwaltung, denn schließlich ist der Kreistag laut Paragraph 22 unserer Kreisordnung das oberste Organ des Kreises. Seine Macht - und das kannten die Preußen noch nicht - kann mittlerweile auch durch den Bürgerentscheid oder das Bürgerbegehren eingeschränkt werden.

wie Feuer und Wasser? Wird ein Landkreis wie Stormarn finanzpolitisch Perspektiven haben und sich gegen Ansprüche „von oben" oder außen behaupten können?

Wir haben noch einmal Rat eingeholt, und zwar bei unserem Landrat Dr. Hans Jürgen Wildberg, der Stormarn vielleicht besser als jeder andere aus der europäischen Perspektive kennt. Denn bevor er 1990 Chef der Kreisverwaltung wurde, war er viele Jahre lang in Sachen Europa aktiv. 1979 bis 1981 war er Dozent am Centre for European Governmental Studies in Edinburgh, von 1983 bis 1988 arbeitete er als Referent an der Ständigen Vertretung der Bundesrepublik bei den Europäischen Gemeinschaften in Brüssel. Ein europäischer Landrat also. Gern überlassen wir ihm das Schlußwort:

„Auch der Kreis Stormarn hat eine Zukunft in Europa. Europa ruft uns auf, unsere nationalen ‚Eigenarten' einzubringen. Ziel des europäischen Einigungsprozesses ist nicht die Nivellierung auf EU-Normen, die nur Mittel zum Abbau von Schranken der Freizügigkeit für Personen und Waren sein können, sondern gegenseitige Ergänzung und Bereicherung, um den Zusammenhalt der Staaten Europas zu stärken und zu einer neuen Identität zu führen. Einer Identität, die mit der Formel: ‚Einheit in Vielfalt' umschrieben werden kann.

Die Europäische Union hat sich ausdrücklich dem ‚Europa der Regionen' verschrieben. Mit dem Subsidiaritätsprinzip hat sich zudem die Einsicht durchgesetzt, daß viele Aufgaben besser und wirksamer auf nationaler Ebene – also ‚vor Ort' – erledigt werden können. In unserer traditionell föderativ geprägten Bundesrepublik bedeutet Aufgabenerledigung ‚vor Ort' letztlich Selbstverwaltung auf kommunaler Ebene.

Es gilt deshalb, unsere kommunale Selbstverwaltung im Einigungsprozeß auch ‚europafest' zu machen. Dies fällt umso schwerer, als die gemeindliche Selbstverwaltung gegenwärtig schon national mehr und mehr in Bedrängnis gerät. Wir erleben in der täglichen Praxis, daß die Schere zwischen fremdbestimmter Aufgabenzuweisung durch Bund und Land und der notwendigen Finanzmittelausstattung immer weiter auseinander geht.

Dennoch: die kommunale Familie ist selbstbewußt genug, um sich im europäischen Konzert Gehör zu verschaffen. Sie wird dabei durch den Rat der Gemeinden und Regionen Europas und das Europa-Büro der deutschen kommunalen Selbstverwaltung in Brüssel unterstützt. Über den im ‚Maastricht-Vertrag' gebildeten Ausschuß der Regionen werden die Kommunen ihre Interessen direkt in die europäische Gesetzgebung einbringen. Können sich die Kreise dort so behaupten wie in der Vergangenheit bei uns im Lande, ist mir auch um die Zukunft Stormarns in Europa nicht bange."

Daten zur Stormarner Geschichte

12000 v. Chr. Rentierjäger der „Hamburger Gruppe"

8500 v. Chr. Rentierjäger der „Ahrensburger Gruppe"

6000 v. Chr. „Oldesloer Gruppe" und „Boberger Gruppe"

3000 v. Chr. Beginn des Ackerbaus in Schleswig-Holstein. Zeit der Megalith-Gräber

2000 v. Chr. Einwanderung der indoeuropäischen „Streitaxtleute"

1600-500 v. Chr. Nordische Bronzezeit

ab 500 v. Chr. Germanische Eisenzeit

um 430 Abwanderung der Angelsachsen nach England

7./8. Jhd. Sächsische Burganlage im Bereich der späteren Hamburger Altstadt

Frühjahr 810 Nordelbien wird dem Frankenreich angegliedert. Festlegung des Limes Saxoniae als Westgrenze der Slawen. Errichtung der Hammaburg. Erster Bau des Hamburger St.-Marien-Doms als ältester Kirche Stormarns. Beginn der Christianisierung Stormarns.

834 Hamburg wird Bistumssitz.

um 1072 Früheste Erwähnung des Stormarngaues und der Stormarner bei Adam von Bremen

um 1100 Der Stormarner Adlige Tymmo erobert das slawische Lütjensee. Beginn der deutschen Ostexpansion.

um 1111 Adolf I. von Schauenburg wird Graf mit Sitz in Hamburg.

1143 Graf Adolf II. gründet Lübeck.

1152 Herzog Heinrich der Löwe zerstört die Oldesloer Saline.

1154 Gründung des Bistums Lübeck. Die westliche Bistumsgrenze durchschneidet den heutigen Kreis Stormarn.

1186 Gründung des Zisterzienser-Mönchsklosters Reinfeld

1189 Graf Adolf III. gründet die Hamburger Neustadt, angebliches Hafen-Privileg Kaiser Friedrich Barbarossas.

Anfang 13. Jhd. Errichtung der Burg Arnesvelde beim heutigen Ahrensburg

12. November 1224 Graf Albrecht von Orlamünde gründet das Zisterzienser-Nonnenkloster Reinbek.

Juni 1226 Lübeck wird freie Reichsstadt.

um 1238 Oldesloe erhält Stadtrecht.

um 1256 Besiedelung des einstigen Grenzwaldes zu den Slawen. Innerhalb weniger Jahre entsteht hier das Kirchspiel Siek mit rund 16 Dörfern.

um 1272 Erste Teilung der Grafschaft Holstein-Stormarn

25. Februar 1275 Letzter Auftritt des Stormarner Overboden Marquard. Dieses traditionelle Amt wird von den Schauenburger Grafen abgeschafft.

um 1300 Holstein ist unter den Schauenburger Grafen fünffach geteilt. Gräfliche Burgen u. a. in Hamburg, Arnesvelde, Wohldorf und Hatzburg bei Wedel.

1314-1322 Krieg zwischen den Pinneberger und Plöner Grafen in Stormarn. Graf Johann III. von Plön siegt und macht die Alster zu seiner Westgrenze. Teilung des einstigen Stormarngaues, die bis 1773 fortdauert.

ab etwa 1320 Allmählicher Bevölkerungsrückgang in Stormarn. Bauernstellen werden verlassen, ganze Dörfer fallen wüst.

1326 Graf Johann III. von Plön bildet die Vogtei Trittau. Auflösung der Vogteien Arnesvelde, Oldesloe und Wohldorf.

1342-1355 Domkapitelsfehde zwischen dem Hamburger Rat und dem Domkapitel. Schwere Brandschatzungen Stormarner Dörfer durch die Hamburger.

1350 Die Pest fordert in Nordelbien unzählige Opfer.

1415 Herzog Erich V. von Sachsen-Lauenburg belagert Oldesloe, erobert die Stadt und brennt sie nieder.

1420 Krieg zwischen Lübeck und Hamburg gegen Sachsen-Lauenburg führt zur Abtretung von Bergedorf, Geesthacht und den Vierlanden. Dieses Gebiet wird bis 1867 „beiderstädtisch" verwaltet.

1437/1444 Hamburg erwirbt auf dem Pfandwege die „Walddörfer".

4. Dezember 1459 Mit Graf Adolf XI. stirbt die Hauptlinie der Schauenburger Grafen aus. Nur eine Nebenlinie regiert bis 1640 in Pinneberg.

5. März 1460 Konvention von Ripen. Schleswig und Holstein werden als Personalunion mit dem Königreich Dänemark vereinigt.

1510 Hamburg wird vom deutschen Reichstag als Reichsunmittelbare Stadt anerkannt.

1529 Auflösung des Klosters Reinbek, dessen Besitzungen nördlich der Bille an König Friedrich fallen.

1529 Fertigstellung des Alster-Beste-Kanals, der jedoch nur knapp 20 Jahre benutzbar bleibt.

9. August 1544 Teilung Schleswig-Holsteins unter den Söhnen König Friedrich I. Die Vogteien Trittau und Reinbek fallen an Herzog Adolf von Gottorf.

31. Januar 1561 In Wüstenfelde auf Gut Fresenburg stirbt Menno Simons, der Begründer der Mennoniten-Kirche.

1567 Auf Betreiben König Friedrich II. muß das Kloster Reinfeld seinen Ahrensburger Besitz dem Feldherren Daniel Rantzau übereignen.

1572-76 Bau des Reinbeker Schlosses

1576 Die meisten der Besitzungen des Hamburger Domkapitels fallen an Herzog Adolf.

1577 Bau des Herrenhauses Nütschau

1582 Säkularisation des Klosters Reinfeld

1588 Teilung des Gutes Borstel und Bildung des Gutes Jersbek

1595 Vollendung von Schloß, Kirche und Gottesbuden in Woldenhorn (Ahrensburg)

1597/98 Der dänische Astronom Tycho Brahe stellt auf dem Wandsbeker Herrenhaus Sternenbeobachtungen an.

1599-1604 Schloß Reinfeld wird erbaut.

um 1600 Erste Ansiedlung von Menschen jüdischen Glaubens in Wandsbek

1627 Wallenstein in Trittau. Schwere Verwüstungen Stormarner Dörfer

1630 In Wandsbek wird die erste in Stormarn und Holstein verlegte Zeitung herausgegeben.

1634 Bau der ersten Wandsbeker Kirche

15. November 1640 Aussterben der Pinneberger Grafen aus dem Hause Schauenburg. Pinneberg fällt an die dänische Krone.

1648 Im Westfälischen Frieden werden die Stormarner Besitzungen des Hamburger Domkapitels dem Herzogtum Holstein-Gottorf zugesprochen.

1686 König Christian IV. von Dänemark belagert Hamburg.

1700-1721 Nordischer Krieg zwischen Schweden und Dänemark sucht auch Stormarn heim.

1712 Bau des Herrenhauses Wohldorf als Verwaltungssitz der hamburgischen Walddörfer

1712 Russische Truppen Peters des Großen in Wandsbek und anderen Stormarner Orten

15. August 1740 Matthias Claudius in Reinfeld geboren

1759 Heinrich Carl Schimmelmann kauft das Gut Ahrensburg.

1762 Heinrich Carl Schimmelmann kauft das Gut Wandsbek.

27. Mai 1768 Gottorfer Vergleich. Hamburg wird „Freie Reichsstadt" und löst sich damit aus den rechtlichen Bindungen an sein Stormarner Hinterland.

1771-1775 Matthias Claudius gibt den „Wandsbekker Bothen" heraus.

1. Juni 1773 Vertrag von Zarskoje Selo. Die Gottorfer Teile Holsteins, darunter die Ämter Trittau, Reinbek und Tremsbüttel, werden der dänischen Krone unterstellt.

1773 Heinrich Carl Schimmelmann läßt das Wandsbeker Schloß abreißen und einen Neubau vornehmen.

1782 Heinrich Carl Schimmelmann stirbt in Kopenhagen.

1792 Bau des Schimmelmann-Mausoleums in Wandsbek nach Plänen des italienischen Baumeisters Antolini

um 1800 Erste Ansiedlung von Menschen jüdischem Glaubens in Ahrensburg

1803 Reichsdeputationshauptschluß. Auflösung des Hamburger Domkapitels. Seine Besitzungen in Stormarn fallen an die dänische Krone.

1803 Erste Volkszählung in Holstein

19. Dezember 1804 Mit Wirkung vom 1. 1. 1805 wird in Dänemark offiziell die Leibeigenschaft aufgehoben, nachdem aufgeklärte Gutsherren bereits seit Ende des 17. Jahrhunderts den Anfang gemacht hatten.

1804-06 Abbruch des Hamburger Domes, eines der bedeutendsten Kirchenbauwerke im nördlichen Europa

1806 Hamburg und Stormarn werden von französischen Truppen besetzt. Die Kontinentalsperre gegen England bringt das wirtschaftliche Leben weitgehend zum Erliegen.

1810 Einverleibung Hamburgs, Lübecks und Stormarns in das Französische Kaiserreich. Die Bille ist die Grenze zwischen Dänemark und Frankreich.

1812 Offizielle Aufhebung der Leibeigenschaft in Holstein

1813/14 Belagerung und Kämpfe um Hamburg führen zu schweren Verwüstungen in Stormarn.

21. Januar 1815 Matthias Claudius stirbt in Hamburg.

6. April 1839 In Oldesloe erscheint erstmalig Julius Schythes „Oldesloer Wochenblatt" (heute Stormarner Tageblatt).

Mai 1842 Brand von Hamburg

1843 Fertigstellung der Chaussee Hamburg-Lübeck (B 75)

1861 Abriß des letzten Wandsbeker Schlosses

1. August 1865 Die Lübeck-Büchener-Eisenbahngesellschaft stellt die Bahnverbindung Hamburg-Lübeck fertig.

22. September 1867 Konstituierung der Kreises Stormarn.

9. März 1868 Wilhelm von Levetzau (1820-1888) wird Landrat in Stormarn und amtiert bis 1880.

22. Juli 1868 In Stormarn finden die ersten Kreistagswahlen statt.

21. Dezember 1868 1. Sitzung des Stormarner Kreistages

1. Juni 1870 Wandsbek wird Stadt.

3. März 1871 Im Wahlkreis Stormarn-Altona finden die ersten Reichstagswahlen statt.

10. Oktober 1873 Durch Erlaß der Schleswiger Regierung wird die Kreisverwaltung von Reinbek nach Wandsbek verlegt.

6. Juli 1877 Das „Kreisblatt für Stormarn" erscheint erstmalig.

1. Juli 1880 Carl Freiherr von Hollen (1839-1895) wird Landrat und amtiert bis 1887.

Oktober 1880 Im Rahmen der Sozialistengesetze (1878-1890) wird über Stormarner Gemeinden im Hamburger Umland der „Kleine Belagerungszustand" verhängt.

1. August 1887 Eröffnung der Eisenbahnstrecke Oldesloe-Schwarzenbek.

11. Mai 1887 Detlev von Bülow (1854-1926) wird Landrat und amtiert bis 1897. Von 1907 bis 1914 ist er Oberpräsident der Provinz Schleswig-Holstein.

26. Mai 1888 Schleswig-Holstein erhält eine neue Kreisordnung. In diesem Zusammenhang werden die Kirchspiele abgeschafft und die Ämter gebildet. Neu ist auch die Institution des Kreisausschusses.

1888 Der Hamburger Freihafen entsteht. Damit ist Stormarns Kreisstadt Wandsbek nicht mehr Zollausland.

10. März 1892 Bismarck, der am 19. 12. 1891 in den Stormarner Kreistag gewählt worden ist, nimmt an seiner 1. Kreistagssitzung teil.

25. Mai 1892 Wandsbek eröffnet sein Wasserwerk, das aus dem Großen- und Lütjensee gespeist wird.

Sommer 1892 Hamburg wird von einer schweren Cholera-Epidemie heimgesucht.

2. Juli 1894 Joachim von Bonin (1857-1921) wird Landrat und amtiert bis 1918.

1. Oktober 1900 Hinschenfelde wird nach Wandsbek eingemeindet.

15. Oktober 1900 Einweihung der Landwirtschaftlichen Winterschule in Oldesloe

1. April 1901 Wandsbek scheidet aus dem Kreisverband aus und bildet einen eigenständigen Stadtkreis.

1903 Fertigstellung der Bismarck-Säule in Silk

18. September 1904 Das Kreistagsmitglied Herbert von Bismarck stirbt.

1907 Ludwig Frahm aus Poppenbüttel gibt im Selbstverlag sein Buch „Stormarn und Wandsbek" heraus.

17. Dezember 1907 Eröffnung der Südstormarnschen Kreisbahn

27. April 1911 Der Kreistag beschließt den Bau eines neuen Kreishauses, das 1912 fertiggestellt wird.

20. Dezember 1912 Die Kreisverwaltung bezieht einen Neubau in Wandsbek.

1. Januar 1913 Eröffnung der Kreissparkasse Stormarn

1913 Bau und Inbetriebnahme der Überlandleitung, durch die die Elektrifizierung Stormarns eingeleitet wird.

12. Dezember 1913 Der Kreistag beschließt die Einrichtung eines Kreismuseums.

November 1918 Arbeiter- und Soldatenräte übernehmen die politische Gewalt im Kreis.

27. April 1919 In Stormarn finden die ersten demokratischen Kreistagswahlen statt.

8. Juli 1919 Der Stormarner Kreistag beschließt mit seiner bürgerlichen Mehrheit, der Regierung Friedrich Knutzen (1881-1938) als Landrat vorzuschlagen (Amtsübernahme 8. 8. 1919).

7. März 1922 1. Kreistagssitzung im neuerbauten Stormarnhaus in Wandsbek

3. Oktober 1925 Der Kreistag beschließt den Erwerb eines kreiseigenen Steinbruchs bei Kassel.

1927 In Ahrensburg (4. 2.) und Trittau (27. 9.) werden die ersten Ortsgruppen der NSDAP gebildet.

1. Juli 1927 Die Gemeinden Jenfeld und Tonndorf-Lohe fallen an den preußischen Stadtkreis Wandsbek. Ausgenommen sind Gebietsteile, die an die neugebildete Großgemeinde Rahlstedt fallen. Gründung Billstedts.

1927 Der Flecken Reinfeld erhält Stadtrecht.

27. Dezember 1927 Per Gesetz werden in Preußen die Gutsbezirke abgeschafft.

15. Mai 1928 Eröffnung eines kreiseigenen Autobusbetriebs

22. Mai 1928 Einweihung der Kreiskrankenhauses in Bad Oldesloe

5. Dezember 1928 Preußen und Hamburg vereinbaren in einem Staatsvertrag die Gründung eines gemeinsamen Landesplanungsausschusses.

1. Oktober 1932 Erich Friedrich wird Kreisleiter der NSDAP, die zu diesem Zeitpunkt etwa 2500 Mitglieder hat.

12. März 1933 Kommunalwahlen in Preußen. In Stormarn wird die NSDAP mit 48 % der Stimmen stärkste politische Kraft im Kreistag.

12. April 1933 Constantin Bock von Wülfingen (1885-1954) wird Landrat und amtiert bis Ende 1936.

20. April 1933 Am „Führergeburtstag" tritt der neugewählte Kreistag zusammen.

14. Juli 1933 Letzte Sitzung des Stormarner Kreistages, dessen Befugnisse auf den Kreisausschuß übergehen. Die „Machtergreifung", d.h. hier: die Ausschaltung der übrigen Parteien, ist auch in Stormarn abgeschlossen.

1934 – 1937 Bau der Autobahn Hamburg-Lübeck

26. Januar 1937 Gesetz über Groß-Hamburg und andere Gebietsbereinigungen, das am 1. 4. 1937 in Kraft tritt und 12 Stormarner Gemeinden zugunsten Hamburgs auskreist. Die Gemeinde Groß Hansdorf-Schmalenbeck kommt zu Stormarn.

5. März 1937 Erich Keßler wird Landrat und amtiert bis 1940.

1938 Das „braune" Stormarnbuch erscheint unter der Herausgeberschaft von Landrat von Bock von Wülfingen und Walter Frahm.

1938 Die Kreisberufsschule in Bad Oldesloe nimmt ihre Arbeit auf.

1. Oktober 1940 Rolf Breusing wird Landrat und amtiert formell bis Kriegsende.

26. August 1942 Rolf Breusing wird zum Wehrdienst einberufen und bis Kriegsende von Generaladmiral Rolf Carls vertreten.

24./25. Juli 1943 Die Stormarner Kreisverwaltung in Wandsbek wird durch einen schweren Luftangriff völlig zerstört.

24. April 1945 Bad Oldesloe wird durch einen schweren Luftangriff getroffen. Unter den Opfern ist auch der amtierende Landrat Rolf Carls.

1945 Wilhelm Paasche wird von der britischen Militärregierung als Landrat eingesetzt.

10. Januar – 12. Oktober 1946 Heinrich Eckholdt fungiert als Kreispräsident.

23. August 1946 Bildung des Landes Schleswig-Holstein

13. Oktober 1946 Erste demokratische Nachkriegswahl des Stormarner Kreistages (45 Sitze: SPD 26/CDU 17/FDP 1/KPD 1)

30. Oktober 1946 Wilhelm Siegel wird ehrenamtlicher Landrat und Vorsitzender des Kreistages und amtiert bis zum 27. April 1950.

25. Februar 1947 Stormarns preußische Jahre gehen mit der Auflösung des Staates Preußen durch den Alliierten Kontrollrat endgültig zuende.

22. Oktober 1949 Der Kreistag beschließt endgültig, Bad Oldesloe zur Kreisstadt zu machen.

1949 Ahrensburg wird Stadt.

28. April 1950 Otto Gramcko wird Kreispräsident und amtiert bis zum 28. April 1951.

28. April 1950 Wilhelm Siegel wird hauptamtlicher Landrat und amtiert bis zum 3. April 1956.

23. November 1950 Der Kreistag beschließt den Neubau der Kreisverwaltung, die zwischen Mai/September 1952 (Stormarnhaus), April 1963 (Hochhaus), 1967 (Kreissitzungssaal) und 1975 (Verwaltungsgebäude Mewesstraße) errichtet wird.

29. April 1951 Erika Keck wird erste weibliche Kreispräsidentin der Bundesrepublik Deutschland. Sie amtiert bis zum 23. April 1955.

1952 Reinbek wird Stadt.

24. April 1955 Friedrich Hardt wird Kreispräsident und amtiert bis zum 22. April 1974.

29. Oktober 1955 Unter Ministerpräsident Kai-Uwe von Hassel und Hamburgs 1. Bürgermeister Kurt Sieveking konstituiert sich der Gemeinsame Landesplanungsrat Hamburg/Schleswig-Holstein.

4. April 1956 Claus von der Groeben wird Landrat und amtiert bis zum 25. August 1957.

23. März 1957 Gründung der Wirtschafts- und Aufbaugesellschaft Stormarn (WAS)

26. August 1957 Wennemar Haarmann wird Landrat und amtiert bis zum 25. August 1975.

25. Mai 1960 In Ratzeburg konstituiert sich die Arbeitsgemeinschaft der vier Randkreise Stormarn, Segeberg, Pinneberg und Herzogtum Lauenburg.

22. Juni 1967 Einweihung des Kreistagssitzungssaales

22. April 1969 Das „Norderstedtgesetz" führt mit Wirkung vom 1. Januar 1970 zur Auskreisung der Gemeinden Glashütte und Harksheide.

1970 Bargteheide wird Stadt.

23. April 1974 Hubert Priemel wird vom Kreistag einstimmig zum Kreispräsidenten gewählt.

26. August 1975 Hans-Henning Becker-Birck wird Landrat und amtiert bis zum 31. 12. 1989.

15. Juli 1977 Einweihung des Neubaus der Beruflichen Schulen in Bad Oldesloe

Januar 1978 Einweihung der neuen Hauptstelle der Kreissparkasse Stormarn in Bad Oldesloe

10. Oktober 1978 Einweihung der Kreisleitstelle Stormarn

1979 Glinde wird Stadt.

11. April 1979 Einweihung der Kreisfahrbücherei

16. Juni 1981 Einweihung des Kreisjugendheimes in Lütjensee

29. Juni 1983 Einweihung des Kreisgymnasiums Eckhorst Bargteheide

1. Oktober 1983 Einweihung des Kreisgymnasiums Trittau

19. Oktober 1983 Einweihung des erweiterten Kreisalten- und Pflegeheimes in Ahrensburg

November 1985 Einweihung des renovierten Schlosses Reinbek

12. August 1987 Einweihung des Kreisalten- und Pflegeheimes in Reinfeld

22. Oktober 1987 Einweihung der Kreisfeuerwehrzentrale in Nütschau

10. Mai 1989 Einweihung des 1. Bauabschnitts der betrieblich-baulichen Weiterentwicklung des Kreiskrankenhauses

1. November 1989 Einweihung des neuen Jugendaufbauwerkes in Bad Oldesloe

1. März 1990 Hans Jürgen Wildberg wird Landrat.

11. Oktober 1990 Kreistagsbeschluß zur Aufnahme von Partnerschaften für Landkreise in Mecklenburg-Vorpommern: Pasewalk, Ueckermünde, Schwerin-Land und Wismar

1992 Der Kreis Stormarn feiert sein 125jähriges Bestehen.

20. November 1992 100 Jahre Kreisfeuerwehrverband Stormarn

20. März 1994 Bei den Kommunalwahlen erringen die CDU 21 (1990: 20), die SPD 20 (19), die FDP 2 (3) und Bündnis 90/Die Grünen 6 (3) Sitze. Präsident der 49 Abgeordneten bleibt Hubert Priemel.

Literaturverzeichnis

Ahrensburg, Stadt (Hrsg.): 40 Jahre Stadt Ahrensburg. Eine junge Stadt gibt zu Protokoll (Ahrensburger Heft Nr. 5.) Neumünster 1989.

Bad Oldesloe. 750 Jahre Stadt -. Hrsg. v. Magistrat der Stadt Bad Oldesloe 1988.

Bangert, Friedrich: Geschichte der Stadt und des Kirchspiels Bad Oldesloe. Bad Oldesloe 1925.

Bargfeld-Stegen. Dorfchronik. Die Geschichte des Dorfes von 1945-1985. Verf. v. Ursula Müsegaes. Hrsg. v. d. Gemeinde Bargfeld-Stegen 1986.

Bavendamm, Dirk: Reinbek. Eine holsteinische Stadt zwischen Hamburg und Sachsenwald. Hrsg. v. Magistrat der Stadt Reinbek. Reinbek 1988.

Bock, Günther: Das Tremsbüttler Heuer- und Dienstgeldregister von 1490. In: Jb Stormarn 1990, S. 115-134.

Ders.: Stormarn im Mittelalter. Studien zur Geschichte einer Landschaft und ihrer Menschen (Stormarner Hefte Nr. 19). Neumünster 1994 (In Vorbereitung).

Bock v. Wülfingen/Walter Frahm (Hrsg.): Stormarn. Der Lebensraum zwischen Hamburg und Lübeck. Eine Landes- und Volkskunde als Arbeitsgemeinschaft Stormarner Heimatfreunde. Hamburg 1938.

Chronik Ammersbek - Bünningstedt - Hoisbüttel. Schriftleitung und Autorin Ursula Müsegaes. Weitere Autoren Alf Schreyer, Rudolf Biester u.a. Ammersbek 1992.

Christen, Adolf: Altstormarnsches Dorfleben. Volkskundliche Einzelschilderungen mit Beiträgen von Mitarbeitern des Stormarnschen Dorfmuseums und der Zeitschrift „Der Thie". (Stormarner Hefte Nr. 8). Neumünster 1982.

Chronik Jersbek. Jersbek - Klein Hansdorf - Timmerhorn. Jersbek 1989. Hrsg. v. d. Gemeinde Jersbek. Schriftleitung und Autorin: Hannelies Ettrich. Mitautoren Günther Bock u.a.

Chronik Lütjensee. Hrsg. von der Gemeinde Lütjensee. Von O. Fischer, G. Jesumann u. B. Siemens. Lütjensee 1986.

Clasen, Martin: Zwischen Lübeck und dem Limes. Nordstormarnsches Heimatbuch. Rendsburg 1952.

Ehlbeck-Pannecke, Susanne: Todendorf hat Geschichte. Eine Chronik. Todendorf 1993.

Festschrift zur 725-Jahrfeier von Reinbek. Hrsg. v. Magistrat der Stadt Reinbek am Sachsenwald. Heide 1963.

Festschrift Alf Schreyer. Mit Beiträgen von Günther Bock, Karl Ludwig Kohlwage, Wolfgang Lange u. Johannes Spallek. (Stormarner Hefte Nr. 15). Neumünster 1990.

Frahm, Ludwig: Stormarn und Wandsbek. Ein Hand- und Hausbuch der Heimatkunde. Poppenbüttel 1907.

50 Jahre Berufliche Schulen des Kreises Stormarn (Stormarner Hefte Nr. 13). Neumünster 1988.

Grabau. Blick in die Vergangenheit. Beiträge zur Dorfchronik Grabau. Zusammengestellt von Eckhard und Doris Moßner. Hrsg. von der Gemeinde Grabau. 1994.

Griese, Kurt: Die Überlandleitung des Kreises Stormarn. Ein Beitrag zur Geschichte der Stromversorgung in Schleswig-Holstein (Stormarner Hefte Nr. 10). Neumünster 1984.

Heimatverein Großhansdorf-Schmalenbeck (Hrsg.): 700 Jahre Großhansdorf 1274-1974. Festschrift zur 700-Jahr-Feier.

Hennigs, Burkhard von (Red.): Denkmalpflege im Kreis Stormarn. (Stormarner Hefte 9). Neumünster 1983.

Ders.: Der Jersbeker Garten im Spiegel von Stichen und Zeichnungen aus dem 18. Jahrhundert. Ein Beitrag zur Geschichte des Jersbeker Barockgartens (Stormarner Hefte Nr.11). Neumünster 1985.

Ders. (Red.): Denkmalpflege im Kreis Stormarn II (Stormarner Hefte Nr. 14). Neumünster 1989.

Hergenhan, Otto: Dreißig Jahre Kommunale Arbeit in Trittau 1945 - 1975. Hrsg. v. d. Gemeinde Trittau. Trittau o.J.

Heuer, Hans: Das Kloster Reinbek. Beitrag zur Geschichte der Landschaft Stormarn, Neumünster 1985.

Hingst, Hans: Vorgeschichte des Kreises Stormarn, Neumünster 1959.

100 Jahre Kreise in Schleswig-Holstein. Hrsg. v. Schleswig-Holsteinischen Landkreistag. Neumünster 1967.

125 Jahre Kreise in Schleswig-Holstein. Hrsg. v. Schleswig-Holsteinischen Landkreistag. Neumünster 1992.

Jahrbuch für den Kreis Stormarn. Hrsg. v. Schleswig-Holsteinischen Heimatbund. Kreisverband Stormarn. Jg. 1 ff. Husum 1983 ff.

Kaup, Helmut/Hennigs, Burkhard von (Red.): Naturschutz und Landschaftspflege im Kreis Stormarn (Stormarner Hefte 1991). Neumünster 1991.

Kreis Stormarn, Der -. Geschichte. Landschaft. Wirtschaft. Hrsg. in Gemeinschaftsarbeit mit der Kreisverwaltung. Oldenburg 1960.

Kreis Stormarn, Der - im Bild. Flensburg (ca. 1972).

Louven, Astrid: Die Juden in Wandsbek. Hamburg 1989.

Nachkriegszeit in Bargteheide. Die Geschichte der Stadt in den Jahren von 1945 bis 1950. Hrsg. von Cornelia Claussen u.a. Bargteheide 1985.

Oldekop, Henning: Topographie des Herzogtums Holstein. 2 Bde. Kiel 1908.

Perrey, Hans-Jürgen: Stormarns preußische Jahre. Die Geschichte des Kreises von 1867 bis 1946/47. Neumünster 1993.

Postl, Wilhelm: Bargteheide im Amt Tremsbüttel. Die Geschichte des Dorfes. Eine Dokumentation. 11. Aufl. Bargteheide 1981.

Scheuermann, Adelgard: Arbeiten und Leben in der Kornmühle. Sozialgeschichte und Technik der Trittauer Wassermühle von 1650 bis heute. Hrsg. v. d. Gemeinde Trittau. Hamburg 1989.

Schmidtke, Kurt-Dietmar/Johannes Spallek: Stormarn zwischen Alster und Bille (Bildergrüße aus Schleswig-Holstein). Neumünster 1994.

Schreyer, Alf: Kirche in Stormarn. Geschichte eines Kirchenkreises und seiner Kirchengemeinden. Hamburg 1981.

Schröder, Johannes v./Herm. Biernatzki: Topographie der Herzogthümer Holstein und Lauenburg, des Fürstenthums Lübeck und des Gebiets der freien und Hanse-Städte Hamburg und Lübeck. 2. Bde.; 2. Aufl. Oldenburg (Holst.) 1855/1856.

Schulz, Gerhard: Bad Oldesloe einst und jetzt. Hrsg. v. d. Stadt Bad Oldesloe 1980.

Spallek, Johannes/Schwiecker, Anja: Der Kreis Stormarn feierte. Dokumentation des Jubiläumsprogramms „125 Jahre Kreis Stormarn" Stormarner Hefte Nr. 17. Neumünster 1993.

Träbing, Sylvia: Tremsbüttel. Lebendige Geschichte eines Stormarner Dorfes. Hrsg. v. d. Gemeinde Tremsbüttel. Husum 1991.

Wirtschaftsraum, Der - Stormarn. Beiträge zur wirtschaftlichen Entwicklung des Kreises Stormarn. Hrsg. aus Anlaß des 20jährigen Bestehens der Wirtschafts- und Aufbaugesellschaft Stormarn mbH - WAS. Neumünster 1977.

Wulf, Martin: Heimatkundliche Aufsätze (Stormarner Hefte Nr. 12). Neumünster 1987.

Wulfsdorf, 750 Jahre -. Hrsg. v. d. Stadt Ahrensburg. Ahrensburger Hefte Nr. 4. Ahrensburg 1988.

Bildnachweis

Schleswig-Holsteinisches Landesarchiv
48 unten (LAS Abt. 400.4 Nr. 8, fol. 111v)
67 oben (LAS Abt. 402 A III Nr. 108)

Kreisarchiv Stormarn
13, 45, 58, 59 unten, 87, 112

Kreisbildstelle
39 unten, 46, 83

Stadtarchiv Ahrensburg
27, 39 oben, 59 oben

Archiv der WAS
114, 155 oben

Privatarchiv Hubert Priemel
61, 62

Privatarchiv Günther Bock
49 unten, 107 oben

Hanseatische Luftfoto GmbH
16–23

Unser Verlagsprogramm:

Hamburgs Kirchen – Wenn Steine predigen

Konstruktion zwischen Kunst und Konvention

Eine Stadt überlebt ihr Ende – Feuersturm in Hamburg 1943 (Videokassette)

Hamburg im Bombenkrieg

Fritz Schumacher – Mein Hamburg

Die Geschichte der Hamburger Wasserversorgung

Die Elbvororte im Wandel (zwei Bände)

Altona im Wandel

St. Pauli im Wandel

Harvestehude, Rotherbaum im Wandel

Hamburgs Fleete im Wandel

Bergedorf, Lohbrügge, Vier- und Marschlande im Wandel

Langenhorn im Wandel

Das Alstertal im Wandel

Barmbek im Wandel

Bramfeld, Steilshoop im Wandel

Eimsbüttel im Wandel

Eppendorf im Wandel

Harburg im Wandel

Niendorf, Lokstedt, Schnelsen im Wandel

Rothenburgsort, Veddel im Wandel

Die Walddörfer im Wandel

Wandsbek im Wandel

Winterhude im Wandel

Ahrensburg im Wandel

Eckernförde – Portrait einer Ostseestadt

Flensburg, Glücksburg, Holnis im Wandel

Sylt – Menschen, Strand und Meer im Wandel

Altes Land, Buxtehude, Stade im Wandel

Medien-Verlag Schubert, Hamburg